ख़ानाबदोशियाँ

यारों संग तफ़रीह

ख़ानाबदोशियाँ

यारों संग तफ़रीह

पंकज भार्गव

वाणी प्रकाशन

वाणी प्रकाशन

4695, 21-ए, दरियागंज, नयी दिल्ली 110 002

फ़ोन : +91 11 23273167 फ़ैक्स : +91 11 23275710

शाखाएँ

अशोक राजपथ, पटना 800 004, बिहार

कॉफ़ी हाउस कैम्पस, महात्मा गाँधी मार्ग, इलाहाबाद 211 001, उत्तर प्रदेश

महात्मा गाँधी अन्तरराष्ट्रीय हिन्दी विश्वविद्यालय, वर्धा 442 001, महाराष्ट्र

सुल्तानिया रोड, मोतिया पार्क, भोपाल 462 001, मध्य प्रदेश

www.vaniprakashan.com
marketing@vaniprakashan.in
sales@vaniprakashan.in

Khanabadoshiyan
by Pankaj Bhargava

ISBN : 978-93-5518-001-8
Travelogue

प्रथम संस्करण 2022

मूल्य : ₹ 300

आर. टेक ऑफ़सेट प्रिंटर्स, दिल्ली-110032 में मुद्रित

वाणी प्रकाशन का लोगो मक़बूल फ़िदा हुसेन की कूची से

आभार

बचपन से बेख़याली में घूमना आदत में शुमार था। शिमला में घर था और घर से एक घण्टे के फासले पर स्कूल था। हम तीन भाई–बहन और पड़ोस के तीन दोस्त एक साथ घूमते–घूमाते स्कूल जाया करते थे। शिमला टूरिस्ट डेस्टिनेशन है, तो बहुत से विदेशी चेहरे दिखते थे। उन्हें देखकर मन में कई सवाल उठते थे, कहाँ से होंगे, किस देश से होंगे, इनका देश कैसा होगा? यह जिज्ञासा हमेशा मन में बनी रहती थी।

फिर कभी रास्ते में किसी फिल्म की शूटिंग को देखने रुक जाया करते थे। कभी मॉल रोड पर टूरिस्ट इंफोर्मेशन आफ़िस की बगल में एक दीवार हुआ करती थी। उस पर नयी फिल्मों के लगे पोस्टर निहारा करते थे। बहुत बार आपस में नोक–झोंक हो जाती तो लड़ भी लिया करते थे। कभी बारिश, कभी बर्फ, कभी गुनगुनी धूप और इसी सब में भारी–भारी बस्ते उठाते हुए स्कूल का सफ़र भी ख़त्म हो जाया करता था। पहाड़ों की पगडण्डियाँ, घुमावदार रास्ते, दोनों तरफ़ चीड़ और देवदार के लम्बे–लम्बे दरख्त मुझे हमेशा लुभाते थे।

वक़्त बीतता गया और मैं दिल्ली आ गया। रेडियो किया, टीवी किया। देशभर में बहुत घूमने को मिला। फिर जाकर एक दिन विदेश जाने का मौक़ा आया। सोचा जो कुछ देखूँगा, उसे ज़िन्दगी भर के लिए सँजोकर रख लूँगा। ज़हन में यह जो आइडिया आया था, वो संजीव और साजिद को बताया तो वो मुझ से ज़्यादा एक्साइटेड नज़र आये। विदेश से लौटने पर सारी यादें एक डायरी में समेट डाली। अंजू और अजय को जब अपने अनुभव पढ़कर सुनाये तो

दोनों एक साथ बोले, हमने भी ये देश तुम्हारे साथ घूम लिए। फिर स्वाति को डायरी सुनायी तो उसने कहा ये तो ट्रेवलोग है। स्वाति ने मुझे अदिति से मिलवाया। अदिति बोली, यह बहुत अच्छी घुमक्कड़ी है। यह ज़रूर कहा कि कुछ शब्द कम हैं, कुछ पन्ने कम हैं। फिर 18 दिन के कोरोना आइसोलेशन में यह काम भी मैंने कर डाला।

प्रिय मित्र और देश के जाने माने पेंटर सुदीप रॉय ने कवर डिजाइन कर दिया। भाई आशुतोष राना ने मुझे अपना आशीर्वाद दे दिया और बस 'ख़ानाबदोशियाँ' हो गयीं।

आप का आभार और बहुत धन्यवाद।

हर किसी की ज़िन्दगी में उसकी एक अपनी सपनों की दुनिया होती है। वह अपनी खुली या फिर बन्द आँखों से उस दुनिया को देखना और जीना चाहता है। किसी के लिए यह सपना सच भी होता है, तो कोई ताउम्र उस सपने के साथ ही जीता है। इस मामले में मैं ख़ुद को ख़ुशनसीब मानता हूँ कि मैंने अपने सपनों की दुनिया न केवल देखी बल्कि उस दुनिया में कुछ दिन ही सही जी सका। यहाँ बिताया हर पल, हर लम्हा मेरी यादों या फिर कहूँ कि मेरी साँसों में आज भी समाया हुआ है। मैं अपनी इन यादों को हमेशा से शब्दों में पिरोकर किताब की शक्ल या फिर किसी और ज़रिये से सुरक्षित कर लेना चाहता था, ताकि जब भी मैं चाहूँ तब अपनी यादों की सलवटों में इसका साथ पाऊँ और उसे अपने ज़हन में ताज़ा कर सकूँ। साथ ही यह भी ख़्वाहिश थी कि मेरी यादें किसी दूसरे के लिए कुछ अनुभव के तौर पर मददगार भी साबित हों। यही वजह है कि मैं अपने सपनों की दुनिया तक पहुँचने के सफ़र और वहाँ गुज़ारे हर पल को दूसरों को बताने को बेताब भी रहा। लेकिन कोरोना ने दुनिया के बाक़ी लोगों की तरह मुझे भी झकझोरा। भले ही मेरी कोई निजी क्षति ना हुई हो, लेकिन अपने इर्द–गिर्द लोगों के दुख के बीच मैं भी दुनिया के दर्द में शरीक रहा। मेरी ख़ूबसूरत यादों पर दर्दनाक क़िस्सों ने पहरा जमा लिया। मुझमें शायद इतना साहस नहीं था कि मैं इन यादों को इस बुरे वक़्त में कोई शक़्ल दे पाता। लिहाज़ा जो काम मुझे बहुत पहले कर लेना चाहिए था, वह पेंडिंग रह गया। अब जब दो साल बाद हालात बदल रहे हैं तो मुझमें भी खोया उत्साह लौटा है। अब मैं अपनी उन सुखद यादों को आपसे

शेयर करना चाहता हूँ। मेरी बेताबी, मुझे मेरे लैपटॉप तक खींच लायी है। अब मैंने फुरसत ना मिलने के बहाने और पेशेगत मज़बूरियों को एक तरफ रख दिया है और यादों की पोटली खोल दी है। किसी शायर ने लिखा है–

तू चेहरे की बढ़ती सलवटों की परवाह ना कर....
हम लिखेंगे अपनी शायरी में हमेशा जवाँ तुझको....

कुछ भी लिखने से पहले जाने क्यों यह शायरी ज़हन में आ रही है। शायद इसलिए कि मैं अपनी यादों और अपने उन अहसासों को दुनिया के सामने कहते वक़्त पूरी ईमानदारी बरत सकूँ और उसकी ख़ूबियों के बखान में पूरा इन्साफ़ कर सकूँ। इससे पहले कि मैं आपको उस सफ़र पर ले चलूँ, मुझे आपको थोड़ा पीछे ले चलना होगा।

ओबेरॉय होटल, दिल्ली, साल 1997

यह वो वक़्त था जब मुझे पहली बार लगा कि मैं अपने ख़्वाब को पूरा करने के क़रीब हूँ और मेरी मंज़िल मुझे मेरे पास नज़र आ रही थी। मैं बहुत एक्साइटेड था क्योंकि दुबई का एक एफएम रेडियो स्टेशन ऑडिशन लेने के लिए दिल्ली आया था। दरअसल, रेडियो एशिया कुछ एनाउंसरों की भर्ती करना चाहता था लिहाज़ा, ऑडिशन रखा गया था। मैं अपने पैशन से जुड़ी नौकरी करूँगा और वो भी विदेश में, इसलिए मैं तैयार होकर पहुँच गया। ऑडिशन के लिए मेरे अन्दर एक जोश था। यहाँ मेरे जैसे तमाम लोग मौजूद थे जिनकी आँखों में भी विदेश जाने या फिर विदेश में जॉब करने के सपने थे। कोई ज़्यादा पैसों की चाह में, तो कोई बेहतर भविष्य के लिए विदेश जाना चाहता था। मैं भी शिमला से दिल्ली अपने सपने पूरे करने आया था। ऑडिशन दिल्ली के पाँच सितारा ओबेरॉय होटल में रखा गया था। इस वक़्त मेरे ज़हन में यह था कि जब अपने देश की राजधानी इतनी ख़ूबसूरत हैं तो विदेशों के शहर कितने ख़ूबसूरत होते होंगे। सच कहूँ तो मैं मन–ही–मन विदेश जाने के लड्डू फोड़ रहा था।

ख़ैर, ऑडिशन का वक़्त आया। मैंने देखा ऑडिशन देने आये बाक़ी लोग उसकी तैयारी कर रहे थे। मेरे अन्दर आत्मविश्वास था। मैं सोच रहा था कि मैदान–ए–जंग में दुश्मन के सामने तलवार को धार देने का क्या मतलब। ऐन वक़्त पर किस बात की तैयारी, यह तो पहले ही करनी होती है। यह वक़्त तो परफॉर्मेंस का था। हमारा ऑडिशन लेने एक गोरा आया था, इस वजह से माहौल कुछ–कुछ विदेशी हो गया था। मेरा नम्बर आया तो मुझे भी एक स्क्रिप्ट पढ़ने के लिए दी गयी। मैंने उसे पूरी शिद्दत के साथ पढ़ा। मैं अपनी परफॉर्मेंस से सन्तुष्ट भी था। इसके बाद मुझसे कुछ बातें भी पूछी गयीं और कहा गया कि दो हफ्ते के बाद आपको ख़बर करेंगे। ऑडिशन लेने आये शख़्स की मुस्कराहट और मेरे आत्मविश्वास की वजह से मुझे लगा कि मेरा सेलेक्शन हो जायेगा।

मेरी उम्मीदें जवाँ थीं, मैं ख़ुश भी था कि रेडियो में नौकरी होगी, दुबई में रहने को मिलेगा और सबसे बड़ी बात यह कि ढेर सारे पैसे होंगे। मैंने पासपोर्ट के लिए अप्लाई भी कर दिया। कुछ दिनों के बाद अपॉइंटमेंट लेटर भी आ गया। पासपोर्ट भी बन गया, लेकिन परिस्थितियाँ कुछ ऐसी रहीं कि मैं दुबई नहीं जा सका। अब मेरे पास पासपोर्ट था, दिल में अरमान थे कि अब जाऊँगा, तब जाऊँगा। हालाँकि मैं कई सालों तक विदेश जा नहीं पाया लेकिन मैंने उम्मीद नहीं छोड़ी। कहते हैं न उम्मीद है, आशा है, तभी ज़िन्दगी है। मेरे लिए एक अच्छी बात यह रही कि मेरा हमेशा से विश्वास रहा है कि सपने सच ज़रूर होते हैं और यही विश्वास हमें अपनी मंज़िल की ओर चलने को प्रेरित करता है। बड़े–बुज़ुर्ग कहते हैं कि सपने वे नहीं होते जो हम नींद में देखते हैं बल्कि असली सपने वे होते हैं जो हमारी रातों की नींद उड़ा दें। मैंने दुबई जाने के मौके को गँवाने के बाद भी अपने सपने को ज़िन्दा रखा।

धीरे–धीरे ज़िन्दगी का सफ़र चलता रहा, लोग मिलते रहे और इनमें से कुछ लोग बेहद ख़ास दोस्त बन गये। वैसे ज़िन्दगी और ज़िन्दगी के सफ़र को दोस्त ही बेहतर बनाते हैं। अब यहाँ दोस्ती का जिक्र हुआ है तो कुछ परिचय कराने होंगे।

सबसे पहले ज़िक्र बरेली की बर्फ़ी का। मीडिया इंडस्ट्री का बड़ा नाम है, संजीव पालीवाल। हाल ही में क्राइम थ्रिलर लिखने के कारण काफ़ी मशहूर हुए हैं। पहले कई चैनलों में एडिटर रह चुके हैं। ये बातें वे तमाम लोग जानते हैं जो मीडिया इंडस्ट्री में हैं। लेकिन उनके बारे में मैं वह बात बताना चाहता हूँ जो ज़्यादातर लोग नहीं जानते हैं। आसमान में सूरज और धरती पर संजीव दोनों एक साथ जागते हैं पर संजीव रात साढ़े दस बजे सोना बिल्कुल नहीं भूलते। उनकी यह आदत कम–से–कम मुझे बहुत बुरी लगती है। इस सफ़र के दौरान उनकी इस आदत के शिकार हम दो लोग हुए। एक मैं और दूसरा बंगाली रोसोगुल्ला! साजिद इमाम। ज़बरदस्त परफेक्शनिस्ट हैं और हमारे मझोले भइया हैं। लड़कियों में काफ़ी पॉपुलर होने की वजह से हम प्यार से इन्हें कृष्ण–कन्हैया भी बुलाते हैं। इन दोनों की बातें और तारीफ़ आगे भी करता रहूँगा, वैसे हम दोस्त बने, कैसे बनें? अगर ये बात बताने लगूँ तो यह कभी ख़त्म न होने वाली कहानी होगी।

बहरहाल, ईश्वर ने चाहा था कि मेरी विदेश यात्रा होगी तो हुई, वह भी ,कई साल बाद 2020 में और इस यात्रा में मेरे हमसफ़र थे संजीव और साजिद। अब जब तीन दोस्तों ने एक साथ विदेश यात्रा करने की सोची तो लगा कि जायें तो जायें कहाँ? ऐसे में तय यह हुआ कि हम लोग ऐसी जगह जायेंगे जो सपनों में दिखती है। जहाँ परियाँ रहती हैं। जहाँ फिज़ा में संगीत गूँजता है। जहाँ एक़ तरफ़ समन्दर की गहराइयाँ हैं और दूसरी तरफ़ बर्फ़ की सफ़ेद चादर से ढकी हुई ज़मीन भी और पहाड़ियाँ भी।

वैसे अब इस यात्रा को दो साल पूरे हो गये हैं। इस बीच पूरी दुनिया का रुख बदल गया। अपने घरों में बन्द, अपनी कल्पनाओं की उड़ान में गुम हम सब एक न्यू–नॉर्मल की तलाश में निकल पड़े हैं। निराशा के बीच आशा का ख़्वाब भी है और सच है कि ख़्वाब में अगर सचाई है तो ख़्वाब पूरे ज़रूर होते हैं।

नयी दिल्ली, 12 फरवरी, 2020

क़सम से इस रात मैं सो नहीं पाया, सपना सच होने जा रहा था। पहली विदेश यात्रा थी और वह भी उन दोस्तों के साथ जिनसे मेरा कुछ भी छुपा नहीं है। सब कुछ खुली किताब की तरह है। दोस्तों के साथ सपनों को पूरा करने की चाहत रातभर नींद पर हावी रही। फिर 13 तारीख़ को सुबह कैब आयी। मैं अपना अमेरिकन टूरिस्टर और एक बैग लेकर निकल पड़ा। 10 बजे की फ़्लाइट थी। मेरी पहली विदेश यात्रा थी इसलिए उत्सुकता बहुत थी। ढेर सारी एक्साइटमेंट के बीच मैं एयरपोर्ट पहुँच गया। फिर साजिद भी टैक्सी से उतरता हुआ नज़र आया। हम दोनों बहुत ख़ुश थे कि आज सुबह के परिन्दे को उठने में देर हो गयी और हम जीत गये। लेकिन इन्सान को ग़लतफ़हमी नहीं पालनी चाहिए। फ़ोन बजा! संजीव फ़्लाइट काउंटर पर हमसे पहले पहुँचे हुए थे।

चलिए, अब सस्पेंस भी ख़त्म कर देता हूँ। हमारी यात्रा की शुरुआत हो रही थी नार्वे से, हम लोग नॉर्वे के एक ख़ूबसूरत शहर ट्रॉम्सो के लिए जा रहे थे लेकिन वहाँ के लिए सीधी फ़्लाइट नहीं थी ऐसे में हम लोग फिन एयर के प्लेन से फिनलैंड की राजधानी हेलसिंकी जा रहे थे जो कुल सात घण्टे की फ़्लाइट थी। वहाँ से ट्रॉम्सो की फ़्लाइट दो घण्टे की थी।

एयरपोर्ट पर सारी औपचारिकताएँ पूरी की जा रही थीं। बोर्डिंग पास, इमिग्रेशन, सिक्योरिटी चेक और उसके बाद प्लेन में सवार होना था। चेहरे पर एक अजीब–सी मुस्कराहट थी और चेहरे खिले हुए थे। दिल के अन्दर बचपन की उमंग थी, ऐसी ख़ुशी, जैसे किसी बच्चे को बचपन में खिलौने मिलने पर होती है। आसपास लोगों को देखना शुरू किया, ऐसा लग रहा था कि शायद सब हमारे साथ ही जा रहे हैं परियों के देश, परियों से मिलने। अब हम प्लेन में सवार थे। प्लेन की कुछ ज़रूरी बातें बताना भी लाज़मी है, जैसे–ब्रेकफास्ट, वाइन और फिर लंच और उसके बाद थोड़ी नींद! कुछ इस तरह इस

सफ़र के पड़ाव में सात घण्टे बीत गये और हम लोग पहुँच गये थे फिनलैंड की राजधानी हेलसिंकी।

फिनलैंड, दुनिया का सबसे ख़ुशहाल देश है और उसका सबसे बड़ा कारण आबादी का कम होना। शायद यही वजह है कि यहाँ इन्सानियत को वैल्यू दी जाती है। इनसे दुनिया को जीने का अन्दाज़ सीखना चाहिए। यहाँ एजुकेशन और मेडिकल जैसी सुविधाएँ फ्री हैं। यहाँ सब कमाते हैं, सब खाते हैं। यह झीलों का देश है, प्रकृति ने यहाँ जमकर प्यार लुटाया है। फिनलैंड में एक लाख 87 हज़ार 888 झीलें हैं, इसलिए इसे हेलसिंक ब्लू सिटी के नाम से भी जाना जाता है। इस देश की हर बात निराली है। यहाँ लोग नियमों का पूरा पालन करते हैं। यहाँ एक दिलचस्प प्रतियोगिता होती है जिसमें पति अपनी पत्नी को कन्धे पर उठाकर दौड़ लगाते हैं और जो जीतता है उसे उसकी पत्नी के वज़न जितनी बियर इनाम के रूप में मिलती है। फ़िल्म 'दम लगा के हइशा' में ऐसा ही सीन था। अगर आपने फ़िल्म देखी होगी तो ज़रूर याद होगा, और हाँ अगर आप कॉफी पीने का शौक रखते हैं तो यहाँ जरूर आइए। आपको अलग–अलग स्वाद की कॉफी पीने को मिल जायेगी। वैसे आपको बता दूँ कि यहाँ के लोग दुनिया में सबसे ज़्यादा दूध पीते हैं। ठीक ऐसे ही यहाँ शराब के शौकीन भी दुनिया में सबसे ज़्यादा हैं। दूध और शराब का डेडली कॉम्बिनेशन... यहाँ की चॉकलेट और कैंडी भी बहुत पसन्द की जाती है। दिलचस्प यह भी है कि यहाँ एक गोल्फ कोर्स है जिसका एक हिस्सा फिनलैंड में और दूसरा हिस्सा स्वीडन में है। क्या हम भारत–पाकिस्तान के बीच ऐसी जगह के बारे में सोच सकते हैं?

फिनलैंड वही देश है जहाँ एक गाँव है लैपलैंड। कहा जाता है कि यह वही जगह है जहाँ सान्ता क्लॉज़ रहते हैं। जब हम छोटे थे तो इन्तज़ार रहता था सान्ता क्लॉज़ क्रिसमस पर आयेंगे और चुपके से हमें गिफ़्ट देकर चले जायेंगे। जैसे–जैसे बड़े हुए सान्ता क्लॉज़ एक कहानी का कैरेक्टर लगने लगा। हेलसिंकी में प्लेन से उतरते ही कहानियों पर, सान्ता क्लॉज़ पर एक बार फिर विश्वास हो चला था।

यहाँ का एयरपोर्ट ठीक उसी तरह का था जैसा दिल्ली का एयरपोर्ट है। एयरपोर्ट देखने में बेहद ख़ूबसूरत था। हालाँकि दिल्ली की तरह के सुरक्षा इन्तंज़ाम यहाँ नहीं थे। यह फिनलैंड का सबसे बिजी एयरपोर्ट भी है। पूरी दुनिया के लिए लगभग 90 परसेंट फ़्लाइट्स यहीं से उड़ती हैं।

यूरोप के अलावा एशिया, मिडिल ईस्ट और नॉर्थ अमेरिका के लिए भी यहाँ से रेगुलर फ़्लाइट्स हैं। एयरपोर्ट पर लगे इनफॉर्मेशन बोर्ड से यह सारी जानकारी लेने के बाद सबसे पहले हम लोग पहुँचे एक ड्यूटी फ्री शॉप। यह वो दुकान थी जहाँ शराब कम रेट पर ख़रीदी जा सकती थी। सोचा एक व्हिस्की और एक वोदका ख़रीद ली जाये। यह बात हमें अच्छी तरह से मालूम थी कि शायद बाहर जाकर महँगी मिलने वाली है।

अभी सफ़र शुरू ही हुआ था लेकिन हमने यहाँ की करंसी 'क्रोनर' को रुपये में गिनना शुरू कर दिया था। और यक़ीनन हर चीज़ महँगी लग रही थी। दूसरी तरफ़ एक बेहद प्यारा अहसास था कि आज की शाम बड़ी हसीन होने वाली है। तीन दोस्त एक साथ मिल बैठे थे, व्हिस्की के गिलास और ढेर सारी बातें और उस पर यूरोप की हसीन वादियों में बसा ट्रॉम्सो शहर। ऐसा लग रहा था जैसे ज़िन्दगी जन्नत से रूबरू होने जा रही थी।

ख़ैर, यह सब तो आगे होना था, लेकिन ड्यूटी फ्री शॉप से जैसे ही हम बाहर आये तो पहली परी से हमारी मुलाक़ात हुई। संगमरमर सा तराशा हुआ शोख़ बदन था उसका। क्या बच्चे, क्या बूढ़े, क्या नौजवान, इतनी दिलकश थी वह परी कि सभी लोग उसके साथ सेल्फी ले रहे थे। हम भी कहाँ पीछे रहने वाले थे 'खटैक' हमने भी सेल्फी ले ली।

मन तो कर रहा था साथ ले चलें अपने देश या फिर यहीं बस जायें, उसके साथ। सब कुछ दिल में उतरता जा रहा था। हमने तो उसका नाम भी पूछ लिया, उसका नाम था एना नेतनी। वह जितनी ख़ूबसूरत थी उतना ही सुन्दर नाम था। लेकिन हमने मन को मजबूत किया, एना को बाय बोला और पहुँच गये सामने गेट पर,

जहाँ से हमें अगली फ़्लाइट पकड़नी थी। गेट खुला तो हम लोग एयरपोर्ट की बस के अन्दर दाख़िल हुए।

हल्की–सी सिहरन महसूस हुई। करीब पाँच मिनट में हम प्लेन के क़रीब पहुँच गये। बस से उतरने पर माइनस पाँच डिग्री तापमान का अहसास हुआ। हल्की ठण्डी–सी हवा को नाक से अन्दर खींचा, जिसके बाद ताज़गी का अहसास हुआ। मैंने एक छोटा–सा वीडियो भी बना लिया अपने बच्चों को दिखाने के लिए। यह एक छोटा–सा प्लेन था एसएएस का। यह स्कैंडिनेवियाई देशों की घरेलू प्लेन सेवा थी।

हेलसिंकी की ऐना

हेलसिंकी से ट्रॉम्सो की फ़्लाइट में दो ख़ूबसूरत एयर होस्टेस हमारे स्वागत के लिए मौजूद थीं। लगभग दो घण्टे की फ़्लाइट थी, इस सफ़र में एक एयर होस्टेस से दोस्ती भी हो गयी, नाम था मारदा, उम्र क़रीब 30 साल रही होगी। लेकिन दिखने में 25 से ज़्यादा की नहीं लगती थी। उसने बताया कि वह बर्गन की रहने वाली है। बर्गन भी नॉर्वे का एक ख़ूबसूरत शहर है।

सफ़र के दौरान मारदा ने अपने शहर के बारे में बहुत सी बातें बतायीं, दरसल बर्गन में यूरोप में सबसे ज़्यादा बारिश होती है, साल में करीब 200 दिन। यह ख़ूबसूरत शहर अपने एजुकेशनल इंस्टीट्यूशंस और म्यूज़ियम के लिए भी प्रसिद्ध है। मारदा ने बताया कि बर्गन, पहाड़ों और झीलों के लिए जाना जाता है। बर्गन ने ही सेलमन सूशी

का परिचय जापान से कराया था। सी–फूड खाने वालों के लिए तो यह जगह स्वर्ग है। साथ ही यहाँ गर्म कॉफी और इलायची का बन काफ़ी पसन्द किया जाता है। बर्गन की रंग–बिरंगी लकड़ी की इमारतें यूनेस्को वर्ल्ड हेरिटेज लिस्ट में शामिल हैं।

एयर होस्टेस मारदा

अब अफ़सोस सिर्फ इस बात का था कि बर्गन हमारी लिस्ट में क्यों नहीं है। प्लेन में सवारियाँ कम थीं तो हम लोगों ने एक बात पहले से ही तय कर ली थी कि मैं, साजिद और संजीव तीनों खिड़की वाली सीट पर बैठेंगे। हम नॉर्वे के जादू का कोई भी पल मिस नहीं करना चाहते थे। सब कुछ अद्‌भुत होने वाला था। प्लेन की खिड़की से बाहर हल्की–हल्की रोशनी दिखने लगी थी। इन देशों में छह महीने दिन बहुत छोटे होते हैं। शाम साढ़े चार बजे का वक़्त था लेकिन अँधेरा घिर आया था। फिर रोशनी के साथ बर्फ़ के पहाड़ और समन्दर दोनों एक साथ दिखने लगे थे। हालाँकि भारत में बर्फ़ और समन्दर एक साथ नहीं दिखते।

यह अनोखा नज़ारा यूरोप के देशों में आम बात है। इन्हीं दृश्यों और नज़ारों के बीच प्लेन उड़ता चला जा रहा था। हम उन्हीं नज़ारों में जन्नत का लुत्फ़ उठा रहे थे। प्लेन बढ़ता चला जा रहा था, तभी अचानक प्लेन ने यू–टर्न लिया और अब तो लाइट, बर्फ़ और समन्दर साफ़ दिखने लगे थे।

हम सोचने लगे कि यह प्लेन कहाँ उतरेगा। अभी हम सोच ही

रहे थे कि कैप्टन ने घोषणा कर दी कि प्लेन लैंड होने जा रहा है। जब प्लेन ने लैंड किया उस वक़्त उसके ज़मीन पर उतरने का ज़रा भी अहसास नहीं हुआ। हँसती–मुस्कराती एयर होस्टेस मारदा ने बाय बोला और मुस्कराते हुए बोली फिर आइएगा।

हम लोग प्लेन से बाहर निकले तो होश ही उड़ गये। चारों तरफ़ बर्फ़ ही बर्फ़ और कड़ाके की ठण्ड। मुँह से धुआँ निकल रहा था। मैं वापस प्लेन के अन्दर लौटा कैप्टन से यह पूछने के लिए कि आपने यह कैसे कर लिया? उनका ज़वाब था कि यहाँ छह महीने ऐसे ही रहता है। ऐसे में उन्हें इसकी आदत होती है। सफ़ेद बर्फ़ की चादर के बीच इतनी आसानी से प्लेन का उतरना हैरान कर देने वाला था।

हम प्लेन से उतरे। ट्रॉम्सो का यह एक छोटा–सा एयरपोर्ट था। हम पैदल ही एयरपोर्ट के अन्दर दाख़िल हुए। एयरपोर्ट के अन्दर की दुनिया बड़ी अजीब थी। मैं यह सब देखकर हैरान था कि दरवाज़े के बाहर का तापमान माइनस फाइव डिग्री और अन्दर सब कुछ नॉर्मल था, सर्दी का अहसास तक नहीं। हालाँकि देखने में यह छोटा सा एयरपोर्ट नॉर्वे का पाँचवाँ सबसे बिजी एयरपोर्ट है। नॉर्वे की कंपनी 'अविनोर' इस एयरपोर्ट को मैनेज करती है। हमने थोड़ी देर सामान का इन्तज़ार किया, एयरपोर्ट का जायजा लिया और फिर बेल्ट पर हमारा सामान आ गया।

बाहर निकले तो हमारे इन्तज़ार में कैब ड्राइवर मॉर्टन पहले से ही खड़ा था। मुस्कान के साथ उसने हमें रिसीव किया। हमारा सामान गाड़ी में रखा। संजीव और साजिद पिछली सीट पर बैठ गये और मैं मॉर्टन के साथ अगली सीट पर दाहिनी ओर बैठ गया। यूरोप में लेफ्ट हैंड ड्राइव होता है। सड़क पर सफ़ेद रंग की मर्सिडीज़ टैक्सी सरपट दौड़ने लगी।

X X X

मॉर्टन ने बताया कि यहाँ सभी गाड़ियों के टायर्स में स्पाइक्स लगे होते हैं। हम लोगों के बीच ख़ूब बातें हो रही थीं। हालाँकि नॉर्वे की

आधिकारिक भाषा नार्वेजियन और सामी है, जो जर्मन भाषा पर आधारित है। मजे की बात यह है, नार्वेजियन भाषा को लिखने के दो तरीक़े हैं जिसे बॉकमेल और नयनोरकस कहा जाता है। लेकिन टूरिस्ट्स की वजह से ज़्यादातर लोग इंग्लिश बोलते और समझते हैं। मॉर्टन इंग्लिश में बात कर रहा था और उससे बात करके हमें भी अच्छा लग रहा था।

मेरी पहली विदेश यात्रा थी तो मेरा उत्साह आप समझ सकते हैं। अचानक गाड़ी ने टनल में प्रवेश किया। टनल अन्दर से रोशनियों से जगमगा रही थी। टनल के अन्दर चौराहे भी बने थे। मॉर्टन ने बताया कि ट्रॉम्सो अपने रोचक टनल सिस्टम के लिए प्रसिद्ध भी है। अक्सर टनल के अन्दर घबराहट होने लगती है पर यहाँ ऐसा कुछ नहीं लग रहा था, बल्कि इस टनल के अन्दर की ख़ूबसूरती देखकर काफ़ी एक्साइटमेंट हो रही थी। क़रीब तीन मिनट बाद जब हम बाहर निकले तो लगा कि हम वापस असली दुनिया में आ गये।

कुछ देर बाद हम लोग एक द्वीप पर थे। यहाँ चारों ओर बर्फ़–ही–बर्फ़ फैली थी। जैसे कोई दूसरी दुनिया हो। यह एक आईलैंड था, बर्फ़ पर बसें चल रही थीं, साइकिलें सरपट दौड़ रही थीं। हैरत इस बात को लेकर थी कि इतनी बर्फ़ होने के बावजूद सब कुछ सामान्य तरीक़े से चल रहा था। अभी मैं सोच में गुम ही था कि मॉर्टन ने कहा–देखिए वह आ गयी है आपकी मंज़िल, सामने एक बिल्डिंग थी। हमारी कार वहीं जा कर रुकी। बर्फ़–ही–बर्फ़ और एक डराने वाला सन्नाटा, लेकिन सब कुछ बेहद ख़ूबसूरत। पहाड के ऊपर रोशनियाँ टिमटिमा रही थीं। हम अपने लक्जरी डाउनटाउन नाम के अपार्टमेंट के दरवाज़े पर पहुँचे, वहाँ एक बिजली के मीटर जैसा बॉक्स था, हमारे मोबाइल में एक कोड आया था, वह एंटर करना था, चाभी पाने के लिए।

हमसे कोड की मिस्ट्री सुलझ नहीं रही थी, हाथ ठण्ड से काँप रहे थे। तभी हमारे अपार्टमेंट का दरवाज़ा खुला और एक लड़की बाहर आयी उसने हमारी जानकारी ली, बोली, वह हमारा कमरा तैयार

करके आ रही है। उसने एक मिनट के अन्दर हमारी चाभी निकाल कर दे दी। हम लोग अन्दर दाख़िल हुए। बाहर कड़ाके की ठण्ड लेकिन अन्दर तापमान एकदम सामान्य। सब कुछ सेंट्रली हीटेड था। हम लिफ़्ट में सवार हुए चौथी मंज़िल का बटन दबाया। चौथी मंज़िल पर आकर दरवाज़ा खोला तो नज़ारा देखकर हम सब दंग थे। सब कुछ कैसे व्यवस्थित रखा जाता है, उस लड़की से सीखने को मिला। यहाँ दो कमरे थे, एक में डबल बेड और एक में सिंगल बेड इसके अलावा एक बाथरूम, एक मॉडूलर किचन और एक बालकनी थी। बालकनी से जो नज़ारा दिख रहा था उसे बयाँ करना थोड़ा मुश्किल है। बालकनी के फर्श पर बर्फ़ जमी थी, सामने एक ब्रिज था, एक तरफ़ बर्फ़ और एक तरफ़ समन्दर। गज़ब–सा लग रहा था सब कुछ। ऊँची पहाड़ी बर्फ़ से लदी हुई और पुल के उस पार टिमटिमाती हुई लाइटें। ऊँची पहाड़ी पर एक लाइट जल रही थी, जो बाद में पता चला कि वह एक रेस्त्राँ था। पता यह भी चला कि वहाँ ट्रॉली या रोप–वे के जरिये जाते हैं।

X X X

ख़ैर, हम थक गये थे इसलिए सोचा फ्रेश हो जाते हैं, नहा लेते हैं फिर आराम से गप्पे मारेंगे। संजीव को साजिद के खर्राटे नहीं पसन्द हैं। वैसे ये मिस्ट्री आज तक सुलझी नहीं कि हम तीनों में से सबसे ज्यादा खर्राटे मारता कौन है। यहाँ तो संजीव की लॉटरी लग गयी थी, उन्हें अलग कमरा मिला था। संजीव चाय के भी बड़े शौक़ीन हैं, यूरोप में मसाला चाय की पूरी दुकान अपने साथ लाये थे। उन्होंने तीन कप चाय बनायी। साजिद जैसा कि मैंने पहले ही कहा था कि काफ़ी ऑर्गनाइज़्ड हैं तो उसने एक घण्टा लगाकर पूरी अलमारी सजायी, जैसे हम हमेशा के लिए यहीं बसने आये हैं। चाय के साथ बातें शुरू हुईं और फिर कुछ देर में एक–एक जाम भी लगा। इतनी सर्दी में जाम को लेकर घड़ी या टाइम को देखने की ज़रूरत नहीं रहती।

हमें अब भूख भी लग आयी थी। हमने पैदल ही खाना खोजने का प्रोग्राम बनाया। माइनस 10 वाले कपड़े तैयार थे, जैकेट्स, जूते, मोज़े, टोपी सब पहने और निकल पड़े। बर्फ़ पर चले जा रहे थे। न बसों में आवाज़, न हॉर्न की आवाज़। अगर कोई दिख जाये और नजरें मिल जायें तो सिर्फ़ मुस्कराहटें मिल रही थीं बदले में।

हम लोग एक स्टोर में दाख़िल हुए एक–एक चीज़ पर प्राइस टैग लगा हुआ था। आप स्टोर के अन्दर कुछ लेकर भी दाखिल हों तो कोई रोकता–टोकता नहीं है। हमने सुबह के नाश्ते के लिए थोड़ा–बहुत सामान ख़रीद लिया। फिर हम समन्दर किनारे पहुँचे, वहाँ कई बड़े जहाज़ खड़े थे। हम लोग बर्फ़ पर चलते जा रहे थे। अब तक मैं, संजीव और साजिद शिमला की सड़कों पर चलते थे, अब ट्रॉम्सो की सड़कों पर थे। एकदम अलग तरह का अनुभव था। अब भारतीय रेस्टोरेंट ढूँढ़ना था इसलिए 'गूगल मैप' पर सर्च किया और मजे की बात मिल भी गया। भारतीय साज़ो–सामान और हाथियों की तस्वीरों से सजा एक राजस्थानी ढाबा स्टाइल रेस्त्राँ मिल गया। रेस्त्राँ में हमें एक भारतीय शख़्स मिला। उसने पहचान लिया कि हम भारतीय हैं। उसने हँसते हुए हमारा स्वागत किया। वह यहाँ नौकरी के साथ–साथ पढ़ाई भी कर रहा था। वह हिन्दी भी बोल रहा था। यह बहुत सुखद अनुभव था। यहाँ खाना बहुत महँगा था। हम लोगों ने एक बटर चिकन, एक दाल, एक सब्ज़ी और शायद छह रोटियाँ खायीं, चावल फ्री में था, बिल आया पाँच हज़ार रुपये। इतने में तो अपने देश में पूरा परिवार खाना खा ले। उस शख़्स ने बताया कि ट्रोम्सो में हिन्दुस्तानी खाना बहुत महँगा है। ख़ैर! हमने खाना खाया और टहलते–टहलते अपने अपार्टमेंट में वापस आ गये। कुछ देर बाद मन हुआ थोड़ा और टहल लिया जाये। निकल पड़े पुल के ऊपर, नीचे समन्दर था और तेज़ बर्फ़ीली हवाएँ चल रही थीं। सब कुछ जमा देने वाला था।

इतनी ठण्ड में भी एक शख़्स हाफ पैंट और बनियान में दौड़ रहा था। हम लोग पुल पर रुक–रुककर तस्वीरें खींच रहे थे।

पुल पार किया तो एक ख़ूबसूरत चर्च था। यूरोप की बात करें तो कई जगह प्राचीन और बेहद ख़ूबसूरत चर्च म्यूज़ियम में तब्दील हो रहे हैं। ट्रॉम्सो के इस चर्च की ख़ूबसूरती ऐसी थी कि नजरें हट नहीं रही थीं, हम आगे बढ़ते जा रहे थे।

X X X

पहले भी मैंने आपको बताया कि ट्रॉम्सो में गाड़ियाँ बिना शोर किये चल रही थीं। हम भी बर्फ़ पर चले जा रहे थे। परियों के इस शहर में घर इतने ख़ूबसूरत थे जैसे बनाकर बर्फ़ पर रख दिये गये हों। बड़े–बड़े शीशे के घरों में अन्दर का सारा नज़ारा साफ़ दिख रहा था। कोई पुलिस नहीं, कोई सिक्योरिटी नहीं। हम चलते–चलते रोप–वे के स्टार्टिंग पॉइंट पर पहुँच गये। वहाँ पहुँचकर मालूम हुआ कि रोप–वे बन्द हो गया है। हमें इस बात की जानकारी नहीं थी कि यह कब बन्द होता है और कब खुलता है। इतनी दूर तक पैदल चलने के बाद हम लोग थक गये थे। हमने अपार्टमेंट वापस आने

द आर्कटिक कैथेड्रल, ट्रॉम्सो

के लिए एक बीएमडब्ल्यू टैक्सी कर ली। मर्सिडीज़ और बीएमडब्ल्यू भारत में शान की सवारी मानी जाती हैं लेकिन यहाँ टैक्सी बनकर अपनी औक़ात में रहती हैं। हम लोग अपार्टमेंट पहुँचे। ट्रॉम्सो शहर को वाह–वाह किया। लेकिन यहाँ की महँगाई को थोड़ा कोसा भी। संजीव अपने कमरे में और मैं साजिद के खर्राटों के साथ दूसरे कमरे में सोया और इस तरह ट्रॉम्सो शहर में पहला दिन बीत गया।

कहते हैं जीवन की यात्रा सपने देखने से ही शुरू होती है और इन सपनों में काफ़ी ताक़त होती है। नॉर्वे आकर मुझे इस बात का अहसास हुआ। यहाँ मेरे सपने मुझे पूरे होते दिख रहे थे, लेकिन एक बात जो क़ाबिले ग़ौर थी, वो कुदरत की कारीगरी थी। सच कहूँ तो नॉर्वे जन्नत से कम नहीं है। अगर आप प्रकृति का सौन्दर्य निहारने के शौक़ीन हैं तो यह देश आपको पूरी सन्तुष्टि देगा। शायद यही वजह है कि इसे दुनिया का सबसे ख़ूबसूरत और शान्त देश माना जाता है। लेकिन यह क़ाफ़ी महँगा भी है। इसलिए आप जब भी यहाँ आयें तो कुछ किफ़ायती तरीक़ों से अपना काम चलायें। हालाँकि सपनों को पूरा करने के लिहाज से देखें तो पॉकेट का हल्का होता वजन मायने नहीं रखता।

नॉर्वे की करेंसी क्रोनर है और एक क्रोनर तकरीबन नौ भारतीय रुपये के बराबर है। घूमने के लिहाज से यहाँ पब्लिक ट्रांसपोर्ट का इस्तेमाल करना ज़्यादा अच्छा है। यहाँ का पब्लिक ट्रांसपोर्ट सबसे अच्छा है। 24 घण्टे का ट्रांसपोर्ट पास एक अच्छा ऑप्शन है। यहाँ आपको बताता चलूँ कि यह एक एनवायरमेंट फ्रेंडली देश है इसलिए यहाँ डीज़ल और पेट्रोल की गाड़ियों पर सरकार की ओर से भारी टैक्स लगाया गया है। हाँ, यहाँ आपको इलेक्ट्रिक गाड़ियाँ काफ़ी दिख जायेंगी। अगर आप यहाँ अकेले आये हैं और ठहरने के लिए ज़्यादा पैसे ख़र्च नहीं करना चाहते तो आपको लॉज जैसी सुविधा वाले अपार्टमेंट या हॉस्टल मिल जायेंगे, जहाँ आपको एक रात के दो हज़ार रुपये देने होंगे। वहीं होटलों में ठहरने के लिए आपको सात से दस हज़ार रुपये या फिर उससे भी ज़्यादा ख़र्च करने होंगे।

अब बात असल मुद्दे की यानी खाने–पीने की। यहाँ इंडियन फूड के लिए आपको इमीग्रेंट कम्यूनिटी के ग्रॉसरी स्टोर मिल जायेंगे, जहाँ हल्दीराम के रेडी टू ईट फूड किफ़ायती दाम में उपलब्ध हैं। हालाँकि इसके लिए आपको छोटे किचन की ज़रूरत पड़ सकती है। ऐसे में आप यहाँ मैकडॉनल्ड, सब–वे, बर्गर किंग या फिर फूड ट्रक्स के खाने का लुत्फ़ उठा सकते हैं।

नॉर्वे एक दिलचस्प देश है, जिसके बारे में मैं पहले से काफ़ी कुछ जानता तो था। लेकिन देखने के बाद तो मैं इसका दीवाना हो गया। इसके प्रति मेरी दिलचस्पी और बढ़ गयी। यहाँ का ख़ुशनुमा माहौल आपको यहाँ से वापस जाने से रोकता है, यहाँ की हरियाली, पहाड़ और बर्फ़ आपको बाँध लेते हैं। नॉर्वे में हज़ारों द्वीप हैं जो इसकी ख़ूबसूरती को चार चाँद लगाते हैं। यहाँ कई ऐसे द्वीप हैं जहाँ कई सालों से कोई नहीं रहता है। इन द्वीपों की देखरेख सरकार करती है। यही वजह है कि नॉर्वे के क़रीब 70 फीसदी हिस्से में हरियाली देखी जा सकती है। जितने दिलचस्प इसके

ट्रोम्सो कैथेड्रल

प्राकृतिक नज़ारे हैं, उतने ही दिलचस्प पब्लिक प्लेस भी। यहाँ आपको जगह–जगह पर फ्री स्वीमिंग फैसिलिटी मिल जायेगी, गर्मियों में लोग यहाँ अपने घरों के बाहर आपको इनज्वॉय करते दिख जायेंगे। हालाँकि हम इसका आनन्द नहीं उठा सके। क्योंकि फ़रवरी की ठण्ड में इसके बारे में हम सोच भी नहीं सकते थे। यहाँ गर्मियों में अगर आपको कोई अपनी बालकनी से पानी में कूदता दिख जाये तो आपको डरने की ज़रूरत नहीं है। क्योंकि यहाँ अपार्टमेंट के बीच बहता पानी गर्मियों में इस काम ज़्यादा आता है। नॉर्वे की नाइट लाइफ़ हमारे जैसे सैलानियों को ख़ूब लुभाती है। नॉर्वे के लोगों का जीवन भी एंजॉय करते–करते बीतता है। ये लोग हफ़्ते में कुछ ही घण्टे काम करते हैं और ज़िन्दगी जीने को काफ़ी अहमियत देते हैं, वहीं हम भारतीयों की ज़िन्दगी काम और शिफ्ट में ही बीत जाती है। यूरोप के देशों की यही ख़ासियत है यहाँ कुदरत और इन्सानियत को बहुत महत्व दिया जाता है। यहाँ आपको महिलाएँ बस और ट्रेन चलाती तक दिख जायेंगी। नाइट क्लब में जो लड़कियाँ काम करती हैं उन्हें भी पूरी इज़्ज़त मिलती है।

नॉर्वे में जन्नत है तो यहाँ नरक भी है। क्यों चौंक गये ना? है न दिलचस्प देश? नॉर्वे में एक छोटा शहर है हैल। यह जगह भी सैलानियों को अपनी ओर खींचती है। क्योंकि यहाँ चारों तरफ़ जंगल–ही–जंगल हैं और कहते हैं कि यहाँ अजीब–सी आवाज़ सुनायी पड़ती है। हमारी दिलचस्पी नरक में नहीं थी, हम तो स्वर्ग के दर्शन करने आये थे, लिहाज़ा हम यहाँ नहीं गये।

ट्रॉम्सो सर्दियों में भारी बर्फ़बारी के बाद भी रुकता नहीं है। हालाँकि यहाँ इतनी बर्फ़ गिरती है कि लोगों की सबसे बड़ी सिरदर्दी रास्तों और गाड़ियों से बर्फ़ हटाने की होती है। इस दौरान यहाँ गाड़ियों में विंटर टायर और स्पाइक्स का इस्तेमाल किया जाता है, ताकि बर्फ़ में गाड़ियाँ आसानी से चल सकें। कई जगह सड़कों के किनारे या फिर नीचे हीटिंग सिस्टम लगाये जाते हैं।

खान–पान के शौक के मामले में यह शहर बहुत कुछ अपने शहरों जैसा ही है। ट्रॉम्सो सी फूड के लिए जाना जाता है, यहाँ आपको अलग–अलग तरह के सी फूड खाने को मिल जायेंगे। ट्रॉम्सो आने वाले लोग ज़्यादातर नॉर्दर्न लाइट्स देखने और रेंडियर पार्क घूमने ही आते हैं, लेकिन अगर आपके पास वक़्त हो तो यहाँ घूमने के लिए और भी काफ़ी अच्छी जगहें हैं। इनके अलावा आप आर्कटिक कैथेड्रल समेत कई दूसरी जगहों पर भी जा सकते हैं। वैसे, यहाँ के सिटी सेंटर में इवनिंग वॉक का आनन्द ही कुछ और है। क्रिसमस पर इस शहर की रौनक देखने लायक होती है।

ट्रॉम्सो, नॉर्वे का दूसरा दिन

आज ट्रॉम्सो में दूसरा दिन था। साथ में वैलेंटाइंस डे भी। संजीव की गुड मॉर्निंग सुबह 5 बजे हो जाती है। दो कप चाय पीने के बाद तीसरी चाय वह हम दोनों को जगाकर पीते हैं। साजिद सुबह की चाय बगैर बिस्किट के नहीं पीता। इसका प्रबन्ध वह ख़ुद करता है। वैसे कभी–कभी हम भी उसके लिए ये सब कर देते हैं। चाय का दौर होने के बाद हमने मिलकर नाश्ता बनाया। संजीव बेचारे! वेजिटेरियन हैं ब्रेकफास्ट साथ लेकर चलते हैं। पोहा, दलिया, उपमा, हम भी बीच–बीच में निपटाते चलेंगे ये वादा हमने उनसे लिया। लेकिन उनकी महानता है कभी हमें मना नहीं किया। हम तीन दोस्त परियों की दुनिया में थे, वो भी वैलेंटाइंस डे पर। इससे बेहतर और क्या हो सकता था। मौके की नज़ाकत को देखते हुए हमने भी एक–दूसरे को विश किया, उम्मीद थी आज का दिन बहुत बढ़िया होने वाला है। इसके पीछे एक वजह और थी, आज ट्रॉम्सो में हम वह करने जा रहे थे जो करने पूरी दुनिया ट्रॉम्सो आती है। करीब ढाई महीने यहाँ आसमान रंग–बिरंगी रोशनी में नहाता है जिसे 'नॉर्दर्न लाइट्स' कहा जाता है। संजीव की बकेट लिस्ट में यह ख़ासतौर से था। उन्होंने कहा था कि कहीं जायें या न जायें लेकिन ट्रॉम्सो ज़रूर जाना है।

अब हमें 'रैडिसन ब्लू होटल' पहुँचना था जो हमारे 'नॉर्दर्न लाइट' टूर का स्टार्टिंग पॉइंट था। वहाँ से हमें बस पकड़नी थी। हम अपने अपार्टमेंट से पैदल ही निकल पड़े रैडिसन ब्लू होटल के लिए। सारा शहर आज सजा हुआ था। शहर का कोना–कोना रोशनी से सराबोर था। साजिद की एक और आदत है, वह जहाँ भी जाता है वहाँ की कुछ शानदार चीज़ें चाहे छोटी हो या बड़ी या कुछ भी क्यों न हो, ज़रूर इकट्ठा करता है। ऐसे में वैलेंटाइन डे का होना सोने पर सुहागा हो गया, साजिद को अपने शौक़ को पूरा करने का आज बेहतरीन मौका भी मिल गया।

रास्ते में ट्रोम्सो की पहचान एक प्राचीन चर्च के साथ हमने तस्वीरें भी लीं। एक–एक स्टोर खँगालते और कुछ–कुछ ख़रीदते हुए हम लोग आखिरकार 'रैडिसन ब्लू होटल' पहुँच ही गये। यहाँ तीन लोग पहले से ही मौजूद थे। हमारे हाथ में टैग बाँधे गये, हम लोग बस में सवार हुए, यहाँ करीब 60 साल की एक महिला बस चला रही थी। यह महिला ट्रॉम्सो की ही थी, लेकिन हम लोगों का जो गाइड था, वह कोरियन था। उसे भी नॉर्वे की खूबसूरती खींच लायी थी। वह कई साल से ट्रॉम्सो में ही रह रहा था। इसलिए यहाँ के बारे में सब कुछ जानता था। चलने से पहले उसने बुरी ख़बर सुनायीं कि आज मौसम ख़राब है। बर्फ़ पड़ने के बाद 'नॉर्दर्न लाइट्स' का दिखना काफ़ी मुश्किल होता है। लेकिन करीब 100 किलोमीटर बाद आसमान साफ़ दिखायी पड़ता है वह भी 10 मिनट के लिए। उसने कहा हमें वो मौका चेज़ करना चाहिए। हम भी इस मौके को हाथ से नहीं जाने देना चाहते थे, इसलिए मौके को हासिल करने के लिए निकल पड़े। हमारा गाइड रास्ते की एक–एक चीज़ के बारे में बताता चल रहा था, कौन–सा पुल है? कौन सा पहाड़ है? कैसा मौसम है? वगैरह–वगैरह। गाइड का जानकार होना फ़ायदेमन्द रहता है, हमें सब चीज़ों की अच्छी जानकारी मिल रही थी।

ख़ैर साहब! सफ़ेद बर्फ़ की चादर पर बस दौड़ी चली जा रही थी। अचानक बस रुक गयी। पता चला कि बस के सेंसर में कुछ ख़राबी है। उसे दुरुस्त किया गया। इस सब में कुछ टाइम भी लगा।

क़रीब ढाई घण्टे के बाद हम लोग एक जगह पर पहुँचे, जहाँ बस रोकी गयी। हम लोग बस से उतरे और गाइड के साथ चल पड़े। यहाँ भी हाड़ कँपा देने वाली ठण्ड थी। बर्फ़ के ऊपर चलते–चलते हम लोग समन्दर किनारे पहुँचे। ऊपर से बर्फ़ भी गिरने लगी। तमाम विदेशी मेहमान अपने क़ीमती कैमरे ट्राइपॉड में लगाने लगे। हमें कहा गया कि मोबाइल फ़ोन से हम तस्वीरें नहीं निकाल सकते। मोबाइल के कैमरे से 'नॉर्दर्न लाइट्स नज़र नहीं आती है। उस कड़ाके की ठण्ड में एक और गाइड मिला जो ऑस्ट्रेलियन था। वह कहने लगा बड़ा मुश्किल है इस मौसम में 'नॉर्दर्न लाइट्स' का दिखना। हमारा दिल और संजीव का सब कुछ टूट गया। ख़ैर, दो घण्टे हमने उस गला देने वाली ठण्ड में इन्तज़ार किया, पर निगोड़ी 'नॉर्दर्न लाइट्स' नज़र नहीं आयी। अब गाइड ने नया फरमान सुनाया कि वापसी में एक जगह आसमान साफ़ है वहाँ से 'नॉर्दर्न लाइट्स' दिखने की उम्मीद है। हम लोग दोबारा ट्रॉम्सो के लिए बस में सवार हुए। हम लगभग 200 किलोमीटर पीछे छोड़ आये थे शहर को। वापसी में जब 50 किलोमीटर रह गया था ट्रॉम्सो, तभी आनन–फानन में गाइड ने बस रुकवायी। हम सब दौड़ते हुए बस से उतरे। सभी लोग आसमान की तरफ़ देख रहे थे। क़सम से, कुछ नज़र नहीं आ रहा था। ठण्ड के अलावा कुछ और महसूस नहीं हो रहा था।

अचानक गाइड ने अपना कैमरा सेट किया और कहा कि अब बारी–बारी से कैमरे के सामने आयें। मैं आपकी फ़ोटो खींचूँगा। सबने एक–एक तस्वीर खिंचवायी। मुझे कैमरे में कुछ हरी–हरी लाइट नज़र आ रही थी। गाइड ने करीब आधे घण्टे के बाद कहा कि चलो अब बस में बैठते हैं। फिर उसने 10 मिनट का भाषण दिया और कहा कि हम लोग कितने क़िस्मत वाले हैं कि हम 'नॉर्दर्न लाइट्स' देख पाये। हम तीनों एक–दूसरे का चेहरा देख रहे थे। समझ में नहीं आया कि कौन–सी 'नॉर्दर्न लाइट्स' थी। आगे गाइड ने यह बताया कि उसकी वेब साइट पर कल तस्वीरें अपलोड कर दी जायेंगी। आप वहाँ से डाउनलोड कर सकते हैं। हम 'नॉर्दर्न लाइट्स' के बारे

नॉर्दर्न लाइट्स का नज़ारा

में सोचते–समझते बस में बैठे रहे। खैर वो तस्वीरें हमें बाद में मिल गयीं। ऊपर तस्वीर में आप उस नज़ारे को मेरे पीछे देख सकते हैं। सफ़ेद बर्फ़ की सड़क पर साजिद की खर्राटों के साथ हमने ट्रॉम्सो तक का सफ़र तय किया। वैलेंटाइंस डे का यह सफ़र वापस अपार्टमेंट में पहुँच कर ख़त्म हुआ।

थोडा शिमला का ज़िक्र...

आप को बताता चलूँ कि मेरी पूरी पढ़ाई–लिखाई शिमला में ही हुई है। स्कूल, कालेज, यूनिवर्सिटी यहाँ जितनी भी शैक्षणिक संस्थाएँ हैं वो सब इतनी ख़ूबसूरत जगह हैं कि हर कोई इन की ख़ूबसूरती से हैरान हो जाता है, मोहित हो जाता है। ख़ासकर इस शहर की बनावट और लोकेशन ऐसी है कि अंग्रेज़ यहाँ आये और इस शहर को समर कैपिटल बना डाला। अंग्रेज़ों ने इस शहर को बनाते वक्त शायद ये कभी नहीं सोचा होगा कि उन्हें ये शहर कभी छोड़ना भी पड़ेगा। एक–एक इमारत, एक–एक सड़क को लन्दन की तर्ज़ पर बनाया, ताकि लन्दन से दूर रह कर भी वहाँ के रहन सहन और

आबोहवा को महसूस कर सकें। आपको इस शहर में कई ऐसे मोड़ मिल जायेंगे जो बरबस लन्दन की याद दिला जायेंगे...इसीलिए आज भी शिमला ख़ास तौर पर ब्रिटेन के टूरिस्ट की भारत में पहली पसन्द है...पहले जब स्कूल में था, तो मौसम भी समय पर गर्माते थे, समय पर बरसते थे और समय पर रातें सर्द कर दिया करते थे। यकीन मानिए हर 25 दिसम्बर को बर्फ़ गिरा करती थी और हम गर्म कपड़े पहन कर शिमला के रिज मैदान पर ऐतिहासिक चर्च पहुँच जाया करते थे। सान्ता क्लाज़ से गिफ्ट लेने के लिए। अब तो बेमौसम बरसात हो जाती है, निगोड़े क्लाइमेट चेंज ने मौसम की चाल ही बदल कर रख दी है। कहते हैं ना जब जो आप के पास होता है आप उस वक्त उसकी वैल्यू नहीं करते। अब शिमला बहुत याद आता है। स्कूल के बाद कॉलेज के रास्ते दोस्तों के सात गप्पें मारते हुए कट जाया करते थे। ठण्ड भी मसहूस होती थी, हरियाली भी दिखती थी, बारिशों में भीगते भी ख़ूब थे लेकिन शायद तब ये अहसास नहीं होता था कि जब ये नहीं रहेगा तो कैसा लगेगा। जब 1997 में दिल्ली आया तो अहसास हुआ, जो पीछे छोड़ आया वो कितना अद्भुत था। दिल्ली आने पर कुछ दोस्त तो इसलिए भी प्यार से बात करते थे कि मैं शिमला से हूँ। टीवी का करियर शुरू हुआ एक प्रोडक्शन कम्पनी से। एक ब्रेक फास्ट शो था 'सुबह–सवेरे'। दूरदर्शन पर आने वाला बहुत ही लोकप्रिय कार्यक्रम था। इस कार्यक्रम से जुड़ा बतौर एंकर। संगीत, राजनीति और बॉलीवुड से जुड़ी कई हस्तियों से मिलने का मौका इसी कार्यक्रम के दौरान मिला। गुलजार साहब, मकबूल फ़िदा हुसैन, रेशमा, ग़ुलाम अली, आबिदा परवीन और जगजीत सिंह जैसी हस्तियों का तसव्वुर किया करता था, उनसे बेपनाह प्यार मिला। फिर 2005 में एक न्यूज़ चैनल में बतौर एंकर ज्वाइन किया। जहाँ मुझे संजीव और साजिद मिले।

अब सीधे मुद्दे पर आता हूँ। मैं, संजीव और साजिद तीनों बला के घुमक्कड़। एक साथ शिमला की कई यात्राएँ कर डाली। शाम ढलते ही शिमला क्लब से मॉल रोड होते हुए ओबेराय सिसिल

तक का वॉक बहुत आनन्द देता था। संजीव हमेशा से चाहते थे कि हम तीनों दोस्तों का पहाड़ों में अपना एक घर हो। इसी सिलसिले में हिमाचल प्रदेश के हर लोकप्रिय शहर की हमने यात्रा की। धर्मशाला गये। चम्बा गये, वहाँ की ख़ूबसूरती भी दिल को छू लेने वाली है। कुल्लू–मनाली की शाम की सैर हम कैसे भूल सकते हैं। मकसद सिर्फ़ एक था, अपना एक सपनों का घर हो पहाड़ों में। अब यह तलाश आकर ख़त्म हुई नारकण्डा पर। भाई से प्यारा दोस्त संजीव डोगरा उर्फ काकू। उसने हमारे सपने को साकार किया, नारकण्डा से लगभग 16 किलोमीटर दूर एक आशियाना ढूँढ़कर दिया। जगह थी कुमारसेन का एक छोटा सा गाँव–घरेवती। यहाँ सेब का एक बाग था, जिसमें सौ साल पुराना लकड़ी का एक भूतहा घर था। उस जगह को हम ने खरीदा। फिर उस भूतहे घर को सजाया–सँवारा और प्यारी सी शक्ल दी और नाम दिया 'एप्पल

एप्पल होम, नारकण्डा (हि.प्र.)

होम'। हमारे बहुत से दोस्त इस सपनों के घर पर आये। जो भी यहाँ आता, आकर लाजवाब हो जाता। हर महीने दो दिन की भी फुर्सत

मिलती तो हम तीनों गाड़ी उठाकर पहुँच जाते एप्पल होम। एक बार ऐसी ही यात्रा के दौरान संजीव ने कहा था कि क्या कभी ऐसा भी होगा कि हम तीनों दोस्त एक साथ विदेश जाएँगे। शायद कुफरी के पास संजीव ने यह इच्छा ज़ाहिर की थी। मैंने यह सुन कर गाड़ी में ब्रेक लगाया और फिर वहीं चाय की चुस्कियों के साथ तय कर लिया कि एक दिन विदेश यात्रा का प्लान बना कर ही रहेंगे। कहते हैं जहाँ चाह है, वहाँ राह है। हमने यह कर दिखाया। चलिए, इस फ्लैश बैक को यही पर ख़त्म करता हूँ और नॉर्वे के दिलकश शहर ट्रॉम्सो पर लौटता हूँ।

टॉम्सो, नॉर्वे का तीसरा दिन

आज ट्रॉम्सो में तीसरा दिन था। हमें दो काम करने थे। सुबह जल्दी उठकर जहाज़ में बैठकर सी–एडवेंचर पर जाना था और दोपहर बाद रेंडियर स्लेज के एक्सपीरियंस पर। ये दोनों अनुभव अद्‌भुत होने वाले थे और हम इनको लेकर काफ़ी एक्साइटेड भी थे। हमारे बड़े भैया संजीव ने अपनी इस लिस्ट में इन्हें भी शामिल किया था और बड़ी मुस्तैदी से वह हर अनुभव के बाद आकर अपनी बकेट लिस्ट को अपडेट भी करते थे। अब हमने अपनी तैयारी को अंजाम दिया और जहाज़ की सवारी के लिए निकल पड़े। समन्दर किनारे पहुँचने पर दो लोगों ने हमारा स्वागत किया। उसमें एक लड़का था और एक लड़की। यहाँ हर शख़्स हमें काफ़ी ख़ूबसूरत और फिट दिखायी दे रहा था। शायद एनवायरनमेंट का भी असर था। हमारी 'कैटैमरैन' दो मंज़िला थी। जहाँ कैटैमरैन के अन्दर एकदम सामान्य तापमान था वहीं ऊपरी मंज़िल पर सनसनाती बर्फ़ की ठण्डी हवा चल रही थी। हमारा मन करता तो कभी ऊपर हो लेते थे और फिर नीचे आ जाते थे।

कैटैमरैन पर वाईफाई कनेक्शन था तो लगा चलिए फ़ायदा ही उठाया जाये। एक–एक कर हम सब ने घर पर वीडियो कॉल लगायी और ख़ूब बातें कीं। यही नहीं, घर–परिवार के लोगों को ट्रॉम्सो की ख़ूबसूरती दिखाकर थोड़ा जलाया भी।

यहाँ समन्दर के किनारे एक–से–एक ख़ूबसूरत घर थे। एक–से–एक ख़ूबसूरत पक्षी आसपास उड़ रहे थे। नज़ारा इतना दिलकश था कि मानो प्रकृति ने ट्रॉम्सो में अपना सब कुछ लुटा दिया हो। हमें एक और चीज़ ने हैरान किया, यहाँ न तो किसी तरह की गन्दगी थी, न ही मछली की कोई दुर्गन्ध। जल्दी ही इसके पीछे का लॉजिक भी हमें समझ में आया, यहाँ फिशरीज़ का काम तट से दूर बीच समुद्र में किया जाता है। यही वजह है कि दुर्गन्ध या गन्दगी जैसी कोई परेशानी नहीं होती। ये बातें इनसे सीखी जा सकती हैं।

कैटैमरैन क्रूज आपको नॉर्थ के एपिक कोस्टल लैंडस्केप से रूबरू कराती है। ट्रॉम्सो के आसपास का एरिया झील और झरनों से भरपूर है। इसे आर्टिक का गेट–वे भी कहा जाता है। हमने मॉडर्न फिश फ़ॉर्म्स देखे, यहाँ छोटे–छोटे फिशिंग विलेज भी थे, जो बेहद सुन्दर थे। मन कर रहा था, यह सफ़र यूँ ही चलता रहे। यह भी सच लगने लगा था कि धरती पर स्वर्ग होता है। कैटैमरैन पर चाय–कॉफी सब कुछ उपलब्ध था। बियर भी थी, पर ठण्ड की वजह से बियर पीने की इच्छा नहीं हुई। हम लोगों ने दो घण्टे की राइड का लुत्फ़ उठाया और फिर किनारे पर लौट आये।

अब अगला पड़ाव 'रेंडियर पार्क' था, यह ट्रॉम्सो से करीब दो घण्टे की दूरी पर था। हम लोग बस में सवार हुए और निकल पड़े। एक तरफ़ बर्फ़ की ख़ूबसूरत वादियाँ और दूसरी तरफ़ सुन्दर–सुन्दर घर बने हुए थे। हम लोग रेंडियर पार्क पहुँचे, जहाँ एक बेहद ख़ूबसूरत सामी महिला ने हमारा स्वागत किया। 'सामी' आर्कटिक यूरोप की जनजाति' है, इनकी एक सामी काउंसिल भी है, जो इनका प्रतिनिधित्व करती है। नॉर्वे, स्वीडन और फिनलैंड में सामी जनजातियाँ देखने को मिल जाती हैं। इनका मुख्य पेशा रेंडियर पालना है, यक़ीन मानिए रेंडियर इनके लिए सब कुछ हैं। समय के साथ अब सामी दूसरे व्यवसायों में भी आ गये हैं। नॉर्वे में मछली पकड़ने का बड़ा कारोबार होता है। नॉर्वे में तेल की खदान भी है,

इसलिए इसका आर्थिक विकास बहुत ज़्यादा और तेज़ी से हुआ। आज नॉर्वे विश्व का पाँचवाँ सबसे अमीर देश है।

हम जिस 'सामी' महिला से मिले उसका नाम क्वात्रा था। वह हमें एक बड़े से टेंट में ले गयी। टेंट के अन्दर बहुत बड़ा अलाव जल रहा था। वहाँ उसने हम सबको बैठाया। फिर वह कम्बल लेने चली गयी। उसने हमें कम्बल लाकर दिया, जिससे कड़ाके की ठण्ड में काफ़ी राहत मिली और फिर रेंडियर्स के बारे में बताना शुरू किया। उसने बताया, रेंडियर्स का स्वभाव कैसा होता है? हमें कैसे रेंडियर्स के साथ पेश आना है? उनसे कितनी दूर रहना है? वे सुबह से भूखे हैं और हमें कैसे उन्हें खाना खिलाना है? उनके सींगों से ख़ुद को कैसे बचाना है? क्वात्रा का समझाने का मनमोहक अन्दाज़, उसकी मुस्कराहट, उसका दिलकश मिज़ाज सब कुछ मन्त्रमुग्ध करने वाला था। उस पर उसकी नॉर्वे की पारम्परिक 'सामी' पोशाक गज़ब ढा रही थी। उसके समझाने के बाद हम लोगों को बाहर लाया गया। एक छोटी सी बाल्टी हमें दी गयी जिसमें रेंडियर्स के लिए खाना था। एक–एक रेंडियर हमारे पास आता गया। अपने हाथों से रेंडियर को खाना खिलाने का एक अलग अनुभव था। रेंडियर अक्सर बड़े–बड़े झुण्ड में रहते हैं। इतने पास से आकर्षक रेंडियर को देखने का एक अनुभव यादगार था। कड़ाके की ठण्ड थी और तापमान करीब माइनस आठ डिग्री था।

अब बारी थी ट्रेन के डिब्बों की तरह एक के पीछे एक लगे स्लेज गाड़ी में बैठने की। हम कम्बल लेकर स्लेज गाड़ी पर बैठ गये। स्लेज गाड़ी ने एक बड़ा चक्कर लगाया। अभी तक यह नज़ारा हॉलीवुड फ़िल्मों में देखा था। आज ख़ुद महसूस कर रहे थे। गज़ब की फीलिंग थी। थोड़ी–थोड़ी सान्ता क्लॉज़ जैसी फील भी आ रही थी। नर्सरी राइम गुनगुनायें, ऐसा मन भी हो रहा था।

राइड ख़त्म करने के बाद भोजन की बारी थी। भोजन में कुछ ज़्यादा नहीं था। चाय, बिस्कुट, शाकाहारी और मांसाहारी सूप।

सामी लेडी क्वात्रा

मैंने और साजिद ने नॉनवेज लिया। थोड़ा–सा सूप पीने के बाद हम लोगों ने एक–दूसरे का चेहरा देखा। फिर सूप छोड़ दिया, क्योंकि सूप का टेस्ट बहुत ख़राब था। बाद में पता चला कि यह रेंडियर का सूप था। हम लोंगों का मन खराब हो गगा। सोचा जिस जानवर को अभी अपने हाथों से खाना खिलाया, जिसकी सवारी की, उसे खा कैसे सकते हैं? पर सामी लोगों के लिए तो रेंडियर ही सब कुछ हैं, इनकी ज़िन्दगी की लाइफ़–लाइन यही हैं। हमने चाय–बिस्किट लिया, क्वात्रा को गुड बाय बोला और बस में सवार हो गये। कुछ ही देर में ट्रॉम्सो वापस पहुँच गये।

ट्रॉम्सो में आज हमारी आख़िरी रात थी। सोचा चलो एक अलग से इंडियन रेस्टोरेंट की तलाश करेंगे। बाज़ार पहुँचे तो वहाँ का

रेंडियर स्लेज की सवारी

माहौल आज बिलकुल अलग था। शहर में जबरदस्त बर्फ़बारी हो रही थी। वहाँ अलाव जल रहा था। कुछ लोग गिटार बजा रहे थे। पर इन सबसे बेख़बर लोग सामान्य से चले जा रहे थे। कारें–बसें सब चल रही थीं। इतनी ठण्ड और मुश्किल मौसम फिर भी सब कुछ कितना सामान्य था। हम हैरान थे! हम कल्पना में खो गये, सोचा शायद परियों का देश ऐसा ही होता है। सब कुछ बिलकुल परफ़ेक्ट। हम लोगों ने शॉपिंग की, कुछ खाया, तब तक रात हो चुकी थी। आज इंडियन खाना खाने का मन था। वैसे तो संजीव को रोज़ रात को भारतीय व्यंजन ही चाहिए, कम से कम डिनर में। हम लोगों को इंडीज़ नाम का एक 'इंडियन रेस्त्राँ' मिल गया। यहाँ किंगफिशर की बोतल सजी थीं, देश याद आ गया। नमस्कार के साथ महिला वेटर ने स्वागत किया। दीवार पर 'हम लोग' सीरियल की एक तस्वीर लगी थी। 'नन्हे' अभिनव चतुर्वेदी मेरे दोस्त हैं तो उनके लिए एक यादगार तस्वीर खींच ली। हम लोगों ने खाना खाया और टहलते हुए अपार्टमेंट में आ गये।

थकान इतनी थी कि बिस्तर पर पड़ते ही आँख लग गयी। सुबह संजीव मसाला चाय के साथ तैयार थे। औरों की क़िस्मत में ख़ूबसूरत लड़की चाय के साथ जगाती है। लेकिन मेरी क़िस्मत में

बगल में साजिद सोता है और चाय के साथ संजीव जगाते हैं। यह भी तब, जब आप परियों के देश में हों। हमारी कैब आ चुकी थी। अब हम लोगों को नॉर्वे की राजधानी ओस्लो जाना था। ट्रॉम्सो की ख़ूबसूरत यादों के सहारे हम लोग एयरपोर्ट की तरफ़ बढ़ रहे थे। सड़कें बिलकुल सफ़ेद थी, शान्त माहौल, भले लोग, हँसते–मुस्कराते चेहरे, ज़हन में कुछ यादें घर कर गयी थीं। ट्रॉम्सो का सफ़र अब ख़त्म होने जा रहा था। सब कुछ सपने जैसा था। एक सपना हम जी चुके थे।

चौथा दिन, ओस्लो, तारीख 16 फ़रवरी, 2020

सुबह आठ बजे के क़रीब हम लोग एयरपोर्ट के अन्दर दाख़िल हो चुके थे। एक ऑब्ज़रवेशन यहाँ आपको बताना ज़रूरी है। तकनीक ज़िन्दगी को कितना आसान बना देती है, उसे यहाँ अनुभव किया जा सकता था। वॉशरूम जाओ, अचानक से लाइट जल जाती है! वॉश बेसिन के ऊपर हाथ करो साबुन हाथ में, आगे हाथ बढ़ाओ, पानी हाथ में गिरने लगता है। हाथ आगे करो, ड्रायर हाथ सुखा देता है। बाहर निकलो तो लाइट ख़ुद से बन्द! सब कुछ भुतहा, हैरान करने वाला, डरा देने वाला। बर्फ़ की हवाई पट्टी पर प्लेन इतनी आसानी से उतर जाता है, ताज्जुब होता है देखकर! सब कुछ ऐसे लगता है, जैसे कोई अदृश्य शक्ति है, एक अलग वर्चुअल दुनिया है जो सब कुछ कंट्रोल कर रही है।

एयरपोर्ट पर कुछ समय गुज़रा, इधर–उधर घूमकर कॉफी की चुस्कियाँ भी लीं, बीच–बीच में दिल्ली के एयरपोर्ट से इस एयरपोर्ट की तुलना भी की। एक बात तो है, अब हमारे देश के भी एयरपोर्ट्स की क्वालिटी काफ़ी बढ़िया हो चुकी है, आपको बाहर आकर अब ऐसा नहीं लगता कि आप किसी दूसरे देश के एयरपोर्ट पर हैं। हाँ, लोग अलग हैं, मुस्कराते हैं आपको देखकर, ज़िन्दगी को जी भरकर जीते हैं, यहाँ एक सुकून है।

हम लोग क़रीब सवा नौ बजे स्कैंडिनेवियन एयरलाइंस के एक छोटे प्लेन की तरफ़ पैदल चल पड़े। प्लेन के अन्दर यहाँ भी एक

एयर होस्टेस मुस्कराते हुए गुड मॉर्निंग के साथ स्वागत कर रही थी। प्लेन की सीट पर बैठते ही कॉफ़ी का कप थमा दिया गया। प्लेन में दो घण्टे का सफ़र आराम से कट गया। हम लोग नॉर्वे की राजधानी ओस्लो की धरती पर लैंड कर गये।

प्लेन से सीधा एयरपोर्ट के अन्दर दाख़िल हुए। यहाँ आकर अहसास हुआ कि हम किसी बड़े शहर में पहुँच गये हैं। यहाँ से लगभग 158 इंटरनेशनल डेस्टिनेशंस के लिए फ़्लाइट ली जा सकती है। इस जगह का पूरा माहौल अलग तरह का था, यहाँ ट्रॉम्सो से कहीं ज़्यादा चहल–पहल दिख रही थी। यह एयरपोर्ट बहुत बड़ा था, एयरपोर्ट से ही मेट्रो, ट्रेन और बसें सब कुछ चलती हैं। हमने कनवेयर बेल्ट से अपना सामान लिया और फिर चल पड़े उस काउंटर की तरफ़, जहाँ से ट्रेन का टिकट लेना था। हमारी टूर ऑपरेटर शिप्रा ने बताया था कि ओस्लो सिटी, ट्रेन से करीब 45 मिनट की दूरी पर है। एयरपोर्ट से ओस्लो के लिए पिकअप नहीं था, इसलिए हमें ट्रेन पकड़नी थी। हम टिकट काउंटर पर पहुँचे। काउंटर पर एक आदमी खड़ा था, दिखने में उम्रदराज़ था। वह करीब साठ साल का रहा होगा, लेकिन जवान दिख रहा था। वह मेरे पास आया और 'गुड मॉर्निंग जेंटलमैन' बोला। हमने मोबाइल पर उसे अपना बारकोड दिखाया, उसने मशीन का बटन दबाया, फ़ौरन तीन टिकट बाहर आ गये।

हम फिर हैरान थे कि यहाँ की ज़िन्दगी कितनी आसान है! सब कुछ ऑटोमेटिक होता है। अचानक मेरी नज़र अपने सूटकेस पर पड़ी। इतने जतन से जिस अमेरिकन टूरिस्टर को अब तक सँभाला था, वह धोखा दे चुका था। मेरे सूटकेस के ऊपर से नीचे तक एक बड़ा–सा क्रेक आ गया था। चेहरे से मुस्कराहट जैसे पल भर में ग़ायब हो गयी थी। अचानक, अब कहाँ, कैसे सूटकेस की व्यवस्था होगी? तभी, "कम विद मी, एंड यू टू, स्टे हेयर"–यह आवाज़ मेरे कान में पड़ी। टिकट देने वाला शख़्स मुझे अपने साथ ले गया। वह मेरे आगे चल रहा था, मैं निराश सा उसके पीछे–पीछे चला जा था।

लगभग 20 क़दम चलने के बाद उसने सामने जाने का इशारा किया और कहा–"वहाँ सामने जाओ, मैं तुम्हारा इन्तज़ार यहीं करता हूँ।"

सामने एसएएस एयरलाइंस का काउंटर था। जहाँ एक महिला थी, उसने मेरी तरफ़ बड़े प्यार से देखा। वह मेरे चेहरे को पढ़ चुकी थी। बिना कुछ कहे, वह सामने के कमरे में अन्दर गयी और दो बड़े अमेरिकन टूरिस्टर लेकर सामने आ गयी। मेरे अन्दर जिज्ञासा और बेचैनी दोनों बढ़ गयी। नॉर्वे में नया सूटकेस तो बहुत महँगा होगा। मैं यह सोच ही रहा था कि उसने कहा कि कौन सा चाहिए? मेरे अन्दर बड़े सूटकेस लेने की इच्छा हुई सोचा कि वापस लौटूँगा तो साथ में ढेर सारे गिफ्ट वगैरह भी ले जाने होंगे। मैंने बड़ा सूटकेस ले लिया। वह बोली, 'नो प्रोब्लम'! उसने मुझे कमरे की ओर जाने का इशारा किया, ताकि मैं अपने कपड़े नये सूटकेस में रख लूँ। मैंने जल्दी–जल्दी सारा सामान नये सूटकेस में रख लिया। उसने एक फॉर्म दिया और मुझे अपना नाम, मोबाइल नम्बर और देश का नाम लिखने को कहा। मैंने सारी जानकारी फॉर्म में पाँच मिनट में पूरी कर ली। उसके बाद मैंने पूरी जिज्ञासा से उससे पूछा–"अब मुझे क्या करना है?" उसने कहा, 'मुस्करा दीजिए'! कैसा देश है भाई, सब कुछ इतना सिंपल। मैं नये अमेरिकन टूरिस्टर के साथ धीरे–धीरे मुस्कराता हुआ चल रहा था। मुड़–मुड़कर उस महिला को देख रहा था। वह भी मेरे साथ मुस्करा रही थी। लेकिन उसकी मुस्कराहट और मेरी मुस्कराहट का अन्तर समझना बड़ा मुश्किल था। बीच में ऐसा भी लगा, कहीं किसी ने बेवकूफ़ तो नहीं बना दिया। कहीं सूटकेस का बिल घर के पते पर न आ जाये। कई तरह के विचार मन में उठ रहे थे। कहते हैं पराये देश का अपनापन हमेशा याद रह जाता है और अपनों का अपनापन ज़हन में उतरता नहीं है।

वो शख़्स जो मुझे लेकर उस महिला के पास गया था, अभी भी वहीं खड़ा था और मेरा ही इन्तज़ार कर रहा था। उसने बोला–'हैप्पी'! मैंने भी हैप्पी कहा, वह मुझे साजिद और संजीव के पास ले गया और बोला–"हेयर इज़ योर फ्रेंड।" मेरी तरह साजिद

और संजीव भी हैरान थे। उन्हें थोड़ी जलन हो रही थी, यह मुझे नज़र आ रहा था, क्योंकि अब मेरा सूटकेस उन दोनों से नया था। हम तीनों यह सोचकर हैरान थे कि बिना किसी काग़ज़, बिना किसी औपचारिकता के इतनी जल्दी ये सब कैसे मुमकिन हुआ? फिर यह भी सोच रहे थे कि यह देश शायद इसीलिए इतना आगे है। कई काम ऐसे हो रहे थे, जिसका अन्दाज़ा भी लगाना मुश्किल था।

ख़ैर, अब बुलेट ट्रेन में बैठने की बारी थी। हमारे देश में बुलेट ट्रेन की जब चर्चा हुई थी तो ख़बर आग की तरह फैल गयी थी। देशभर के टीवी चैनल और अख़बार एक महीने तक इस ख़बर को दिखाते रहे। टीवी न्यूज़ में ग्राफिक्स पर जापान और यूरोपीय देशों की बुलेट ट्रेन दिखायी जाती थी और हम लोग कल्पना में खो जाते थे कि हमारे देश में भी बुलेट ट्रेन चलेगी। हालाँकि भारत की पहली बुलेट ट्रेन पर जोर–शोर से काम चल रहा है। लेकिन हम भाग्यशाली हैं, इससे पहले कि हमारे साथियों को इंडिया में बुलेट ट्रेन में बैठने का मौका मिलेगा, देश से दूर यहाँ ओस्लो में हम बुलेट ट्रेन की सवारी करने वाले हैं।

हम लोग एस्केलेटर से नीचे उतरे तो सामने प्लेटफॉर्म था। यह इतना साफ़ था कि मैं अपना ख़ूबसूरत चेहरा साफ़–साफ़ देख सकता था। हर बोगी और हर डिब्बे के आगे एक गार्ड था। सभी यूनिफॉर्म में थे। हम अपने डिब्बे के अन्दर पहुँचे। बड़े–बड़े शीशे वाले डिब्बे थे। बड़े सूटकेस रखने के लिए अलग जगह। डिब्बे के अन्दर दाख़िल होते ही वाई–फाई ऑन। अचानक ट्रेन चलने लगी। पाँच मिनट के अन्दर ट्रेन हवा से बातें कर रही थी। ट्रेन के अन्दर स्पीड का ज़रा भी अहसास नहीं हो रहा था। बाहर जो कुछ भी दिख रहा था। वह बहुत सुन्दर लग रहा था। सामने से कभी खेत, कभी ख़ूबसूरत बने घर, कभी घास भरे मैदान, सब कुछ बड़ी तेज़ी से हमारे साथ चलते दिख रहे थे। हम छोटे बच्चों की तरह एक्साइटेड थे। कभी साजिद कहता, ''ये देखो!'' कभी संजीव कहते ये देखो! मैं सोच रहा था–''क्या–क्या देखूँ?'' ऐसा लग रहा था कि एक–एक चीज़

को जैसे भगवान ने अपने हाथों से बड़े जतन से बनाया हो। साजिद विदेश काफ़ी घूम चुके हैं। संजीव ने भी पूरा यूरोप देखा हुआ है। लेकिन नॉर्वे की ख़ूबसूरती देख ये दोनों भी हैरान थे।

बातों–ही–बातों में चार स्टेशन के बाद 'ओस्लो' स्टेशन आ गया। प्लेटफ़ॉर्म ज़मीन से दो तल नीचे था। हम लोग एस्केलेटर से ऊपर आये। स्टेशन से जब बाहर आये तो जैसे एक बार फिर दुनिया बदल गयी। इतनी ख़ूबसूरत और इतनी भव्य और इतनी प्राचीन इमारतें, मैंने इससे पहले कभी नहीं देखी थीं। ऐसा लग रहा था जैसे कल ही बनी हों। सड़कों पर गाड़ियाँ जिनमें बस, कार, सब कुछ बिना आवाज़ के रेंगते हुए चल रही थीं। बाहर हल्की–हल्की बारिश की बूँदे और ज़बरदस्त ठण्ड थी। यहाँ का माहौल एकदम मन्त्रमुग्ध कर देने वाला था। यहीं बायीं तरफ़ एक ख़ूबसूरत भव्य महल दिखायी दे रहा था। यह नॉर्वे का 'रॉयल पैलेस' था। रॉयल पैलेस को फ़्रांस में पैदा हुए किंग चार्ल्स तृतीय के लिए 19वीं शताब्दी में बनाया गया था। किंग चार्ल्स नॉर्वे और स्वीडन के राजा थे। अब यह बिल्डिंग नार्वेजियन मोनार्क का ऑफ़िशियल रेजिडेंस है, जबकि क्राउन प्रिंस वेस्ट ऑफ़ ओस्लो में रहते हैं। रॉयल पैलेस के आगे पैलेस स्क्वॉयर है और आसपास पैलेस पार्क है। इसके ठीक सामने एक भव्य इमारत थी, जो नॉर्वे की पार्लियामेंट थी। इसे स्टॉर्टिंग बिल्डिंग भी कहते हैं। दरअसल, यह सीट ऑफ़ स्टॉर्टिंग है, जिसका मतलब पार्लियामेंट होता है। इसे एमिल विक्टर लैंग्लेट ने डिज़ाइन किया था।

रॉयल पैलेस और पार्लियामेंट बिल्डिंग के बीच क़रीब दो किलोमीटर का फ़ासला था। लेकिन यक़ीन नहीं हो रहा था। ऐसा लग रहा था कि अगर हाथ खोलें तो दोनों बिल्डिंग्स को छू पायेंगे। इसके अलावा, चारों तरफ़ कई सारी भव्य इमारतें, दुकानें, होटल थे। सब कुछ काफ़ी व्यवस्थित और हमारी कल्पना से परे था। यहाँ का नज़ारा अद्भुत और हैरान कर देने वाला था। पेड़–पौधे सभी कतार में लगे थे। बड़े–बड़े फव्वारे, सुन्दर घास से सजे हुए लॉन।

हमने सोचा शहर को और टटोल लिया जाये तो हम तीनों होटल की तरफ़ पैदल ही निकल पड़े। सामने सबसे पहली इमारत रॉयल

ओस्लो की पार्लियामेंट

थियेटर थी। साजिद को ऑपेरा और थियेटर देखने का बहुत शौक़ है। हमने समझाया—शेक्सपियर चाचा, पहले होटल चलते हैं फिर बाद में ऑपेरा के दर्शन करेंगे। साजिद मान गया।

मोबाइल से किसकी तस्वीर खींचे, किसकी नहीं, यह तय करना बहुत मुश्किल था। यहाँ सब कुछ बेहद खूबसूरत था। देखते—ही—देखते हम पार्लियामेंट बिल्डिंग के काफ़ी करीब पहुँच गये। पास जाकर कई तस्वीरें खींचीं, यहाँ कोई रोक—टोक नहीं थी। इस देश की ख़ासियत है कि यहाँ के लोगों को अपने आप पर बहुत विश्वास है। इस बात का अहसास अब तक हमें हो चुका था। ढेर सारी तस्वीरें खींचते हुए हम धीरे—धीरे आगे बढ़ते रहे और मन्त्रमुग्ध होते रहे। चलते—चलते हमारी मंज़िल आ गयी। गूगल मैप ज़िन्दाबाद! हम अपनी मंज़िल 'स्मार्ट होटल' पहुँच चुके थे।

'स्मार्ट होटल' सच में स्मार्ट था। सफ़ेद रंग की ख़ूबसूरत इमारत। यहाँ भी दरवाज़ा अपने आप खुल गया। एक तरफ़ सोफ़े लगे हुए थे। मैं हैरान हुआ क्योंकि यहाँ कोई रिसेप्शन ही नहीं था। दूसरी तरफ़ रेस्टोरेंट जैसा कुछ लग रहा था। शायद ब्रेकफास्ट और डिनर की जगह थी। हम लिफ्ट के पास पहुँचे, एक लड़की की आवाज़ आयी–"कैन आई हेल्प यू"? हमने कहा–''यस।'' अपनी पूरी जानकारी देने के बाद उसने चाभी दी और बताया कि हमारा कमरा नम्बर–802 है। हम लिफ्ट में दाख़िल होते उससे पहले संजीव ग़ायब! ख़ैर, हम दोनों यानी साजिद और मैं लिफ्ट में दाख़िल हुए। जब हम लोग आठवीं मंज़िल पर पहुँचे तो संजीव पहले से ही हाज़िर थे अपना अकेला पलंग लपकने को।

हमने रूम का दरवाजा खोला। यहाँ कमरे का डिस्क्रिप्शन देना भी ज़रूरी है। दरवाज़े के सामने एक बड़ी–सी खिड़की थी। उसकी एक तरफ़ बेड था, कहने को डबल लेकिन सिंगल बेड जैसा लग रहा था। सामने एक टेबल और एक कुर्सी थी। फिर एक और सिंगल बेड। संजीव उछल कर उस सिंगल बेड पर बैठ गये। चेहरे पर जीत जाने की ख़ुशी थी कि मैं अकेले सोऊँगा। पर यह बात उन्हें अच्छे से मालूम है कि जब साजिद खर्राटे लेता है तो प्रलय आ जाती है। ऐसे में अकेले बेड की जीत कितनी ख़ुशी देने वाली थी यह तो वक़्त ही बता सकता था।

अब थोड़ा बाथरूम पर निगाह डालते हैं। बाथरूम में एक पॉट उसके साथ वॉशबेसिन। वॉशबेसिन इतनी छोटी थी कि उसके सामने मेरे हाथ बड़े लग रहे थे और अगर बिना इधर–उधर चले मुड़ जायें तो शॉवर था। चलिए अब जो था, सो था। कहावत हैं, ''जितना गुड़ डालेंगे, उतना ही मीठा होगा।'' हम लोग छोटे–से कमरे को देखकर थोड़ा दुखी तो थे लेकिन इस बात को लेकर सन्तुष्ट भी थे कि जितना भी था, बहुत ही साफ़–सुथरा था। अक्सर हम अपने देश को लेकर संशय में रहते हैं। लेकिन छोटे शहरों के होटल के कमरे भी काफ़ी बड़े रहते हैं और सुइट तो आपको राजा टाइप फीलिंग देते हैं।

अचानक! साजिद ने ऐलान कर दिया कि बाहर चलते हैं। हम लोग सारा सामान कमरे में छोड़कर होटल से बाहर निकल आये। आज का दिन हमें ख़ुद से घूमना था। भूख लगी तो सोचा सबसे पहले कुछ खा लिया जाये। हम लोग मार्केट में पहुँच गये। यहाँ एक ख़ास बात थी कि जिस शॉप और स्टोर में दाख़िल हो जाते हैं, आपका वाई–फाई इनेबल हो जाता है। यह सुख हमें लगातार अनुभव हो रहा था। इंडिया घर पर लगातार वीडियो कॉल हो रही थी। सबका परिवार साथ में ओस्लो की सैर कर रहा था।

हमने बर्गर किंग से दो नॉनवेज, एक वेज बर्गर और तीन कोल्ड ड्रिंक्स ली। हमें बार–बार अपनी जेब चेक करनी पड़ती थी। किसी भी चीज़ का जितना दाम, उसे नौ से गुणा कर लो। सच कहूँ, यह महँगा ओस्लो बुरा लग रहा था। ख़ैर, हम लोग 'बर्गर किंग' से निकले तो हमारा अगला पड़ाव 'रॉयल पैलेस' था। हरे रंग की कालीन की मानिन्द घास और सुर्ख़ लाल मिट्टी के बीच से होती हुई सड़क पर हम बढ़े चले जा रहे थे रॉयल पैलेस की तरफ़। एक भव्य आलीशान इमारत है रॉयल पैलस। क़रीब आये तो ऐसा लगा जैसे पीले रंग के पत्थर से यह इमारत कल ही बनी हो। महल के बाहर हर गेट पर बन्दूक लिए और ऊँची–ऊँची टोपी पहने पुतले खड़े थे। लेकिन जब पास जाकर देखा तो आँखें खुली–की–खुली रह गयीं। गुलाबी गालों वाली ख़ूबसूरत महिला गॉर्ड खड़ी थीं। महिला गाड्र्स ड्यूटी पर थीं, इस बात से यह समझा जा सकता था कि नॉर्वे का राज–परिवार महल के अन्दर है।

हम भी कहाँ मानने वाले थे, लपक–लपककर महिला गाड्र्स के साथ फ़ोटो खिंचवायी। फ़ोटो खिंचवाते वक़्त ऐसा महसूस हो रहा था, जैसे हम नॉर्वे के राजा और रानी हैं। दूल्हा हम और वह महिला गार्ड हमारी दुल्हन। फ़ोटो खिंचवाने के बाद हम लोगों ने रॉयल पैलेस की परिक्रमा की। अचानक, एक महिला हमारी तरफ़ आती दिखायी दी। वह महिला बंगाल की थी और कोलकाता की रहने वाली थी।

रॉयल पैलेस, ओस्लो

हमारे साजिद साहब उससे बातें करने लगे। थोड़ी देर में वह महिला के साथ बात करते–करते काफ़ी घुल–मिल गये। इस वक़्त वह काफ़ी होमली फील कर रहे थे। विदेश में किसी भारतीय के लिए किसी हमवतन का मिलना कितना महत्त्व रखता है, इसका हमें अहसास हो रहा था। उस महिला ने कहा कि उसके पास ओस्लो के 'वाइकिंग शिप म्यूज़ियम' के तीन टिकट हैं। दरअसल, वह कल वापस हिन्दुस्तान लौट रही थी और टिकट कल ही के थे, इसलिए ज़ाया हो जायेंगे। एक टिकट करीब चार हज़ार रुपये का था। उसने कहा, "आप ले लीजिए।" हमारी लिस्ट में 'वाइकिंग म्यूज़ियम' भी शामिल था। मानो हमारी तो लॉटरी ही लग गयी थी, हमने उनका शुक्रिया अदा किया। साजिद इतरा कर हमें देख रहा था कि बंगाली महिला काम आ गयी थी।

हम महल से बाहर निकले तो जहाँ भी नज़र जाती थी, हर तरफ़ बेहद ख़ूबसूरत मकान थे। यहाँ की वास्तुकला, पुरानी इमारतें, सड़कों पर चलती गाड़ियाँ सब बेहद ख़ूबसूरत लग रहे थे।

एक–एक चीज़ हैरान कर देने वाली थी। हर चेहरा मुस्कराता हुआ बेहद ख़ुश और सन्तुष्ट नज़र आ रहा था। हम लोग टहलते हुए वापस बाजार आ गये। हल्का अँधेरा छाने लगा था। पेड़ों पर इतनी ख़ूबसूरत लाइटिंग की गयी थी, ऐसा लग रहा था जैसे पेड़ों पर ही रोशनी के फल लगे हुए हों।

इन नज़ारों को निहारते हुए हम लोग चलते–चलते समन्दर के किनारे आ गये। यहाँ पर बैक वॉटर्स का बड़ी ख़ूबसूरती से इस्तेमाल किया गया था। यह ऊँची क्लिफ़्स के बीच से गुज़रते समुद्र की लेन की तरह है। जो शहर की ख़ूबसूरती में चार–चाँद लगाती है।

हम मन्त्रमुग्ध से चलते जा रहे थे। हमारा अगला पड़ाव 'नोबेल पीस सेंटर' था। इसे नॉर्वे के किंग ने बनवाया था। हर साल यहाँ ढाई लाख से ज़्यादा लोग आते हैं। यह नॉर्वे का सबसे प्रसिद्ध म्यूज़ियम है, जो ओस्लो की वेस्ट रेलवे स्टेशन की बिल्डिंग में है। यह बिल्डिंग हालाँकि 1872 में बनी थी, लेकिन 1989 के बाद यह रेलवे स्टेशन नहीं रहा। यहाँ से हार्बर दिखाई देता है और यह ओस्लो सिटी हॉल के पास है। हर साल 10 दिसम्बर को अल्फ्रेड नॉबेल की डेथ एनिवर्सरी पर यहाँ नॉबेल पीस अवार्ड सेरेमनी आयोजित की जाती है।

'नोबेल पीस सेंटर' में मरम्मत का काम चल रहा था। म्यूज़ियम के अन्दर आकर हमें ख़ुद पर गुमान हो रहा था। हमारे देश में मदर टेरेसा, दलाई लामा, कैलाश सत्यार्थी आदि को यह सम्मान मिल चुका है। सबसे पहले हम लोग सोवेनियर शॉप गये। यहाँ ऐसी दुकानें थीं, जो यादगार होती हैं। वहाँ से हमने मोमेंटोस ख़रीदे। फिर ऊपर गैलरी में गये। म्यूज़ियम अन्दर से बहुत ख़ूबसूरत था। ख़ासकर वह हॉल जहाँ नोबेल पुरस्कार विजेताओं की तस्वीरें लगी हैं। तस्वीरों के साथ–साथ उनके बारे में लिखा गया है। यहाँ बहुत ही ख़ूबसूरत कैंडिल इफेक्ट्स की लाइटिंग की गयी है। अँधेरे में कैंडिल की रोशनी और संगीत माहौल को ख़ूबसूरत बना रहे थे। हमने क़रीब एक घण्टा इस म्यूज़ियम में बिताया।

यहाँ बिताया हर पल यादों में हमेशा के लिए बस गया। इसके बाद हम वापस होटल आ गये।

शाम के क़रीब सात बज गये थे। संजीव अपने साथ 'बोरी भर' कर चायोस की मसाला चाय लेकर आये थे। आप जितनी बार चाहो चाय हाज़िर थी। विदेश में देश की चाय बेहतरीन अहसास दिलाती है और दिला भी रही थी। संजीव भाई कमाल के हैं आप। हम लोगों ने थोड़ा आराम किया और क़रीब साढ़े आठ बजे खाने की खोज में निकल पड़े। अक्सर साजिद बहुत चिढ़ जाता था, क्योंकि रात को हम भारतीय खाने की डिमांड करते थे। यहाँ 'जयपुर इंडियन रेस्त्राँ' पंजाब से ओस्लो आये एक शख़्स का था। हम लोगों ने शुद्ध भारतीय व्यंजनों का लुत्फ उठाया और धीरे–धीर सीढ़ियाँ उतरते हुए सड़क पर आ गये। लेकिन पिक्चर अभी बाक़ी थी।

नोबेल पीस सेंटर, ओस्लो

रात के दस बजे 'गूगल बाबा' यानी गूगल मैप की मदद से हम लोगों के क़दम होटल से बाहर निकल पड़े। ऐसा लग रहा था जैसे तीनों कॉलेज के स्टूडेंट्स हैं और शैतानी करने निकल पड़े हैं। हमारा अगला ठिकाना 'स्पाइस स्ट्रिप' क्लब था।

एक हट्टा–कट्टा शख़्स गेट पर तैनात था। टिकट दिखाने के बाद उसने हमारी कलाइयों पर बैंड बाँध दिये। हम अन्दर दाख़िल हुए तो नज़ारा किसी हॉलीवुड की फैंटेसी फ़िल्म के किसी सीन की तरह था। सामने एक स्टेज पर पोल लगा हुआ था। सामने कई जगह कुर्सियों और टेबल के सेट थे। एक तरफ़ स्टूल्स पर बहुत ही कम कपड़े पहने बेहद ख़ूबसूरत लड़कियाँ बैठी थीं। लड़कियाँ हम लोगों को देखकर मुस्करायीं, हम लोग अपने टेबल पर बैठ गये।

अचानक, एक लड़की अपनी सीट से उठी और उसने म्यूज़िक चला दिया और पोल डांस करने लगी। वह लगातार डांस कर रही थी। डांस इतना ख़ूबसूरत कि शरीर में कम्पन होने लगा। मुझे कुछ समझ में नहीं आया, बहुत ही सुन्दर तरीक़े से वह हमारी तरफ़ देखकर मुस्कराती रही। हम लोगों की बेचैनी बढ़ती गयी। सच कहूँ, आनन्द बहुत आ रहा था। फिर बारी–बारी से सब लड़कियों ने अपनी मनमोहक अदाएँ दिखाईं और इस तरह से शो ख़त्म हो गया।

जब हमने डेमी मूर की 'स्ट्रीपटीज' फ़िल्म देखी थी तो लगा था शायद ऐसा सिर्फ़ इन हॉलीवुड फ़िल्मों में ही होता है, पर आज यहाँ इस क्लब में आकर लगा कि फ़िल्मों में सच की रिफ़्लेक्शन ही तो होती है। यह भी पता चला कि डांस का यह एक पारम्परिक तरीक़ा है और पेशा भी, जिसके सहारे यूरोप और अमेरिका में पर्यटन का कारोबार चलता है। ये सारी लड़कियाँ पेशेवर हैं और इसके लिए इन्हें पैसे मिलते हैं। यही नहीं, इन क्लबों में काम करने वाली लड़कियाँ समाज में पूरे सम्मान के साथ रहती हैं। आपको जानकर हैरानी होगी कि नॉर्वे में क्राइम रेट ज़ीरो है। ख़ैर, जो भी हो, डांस देखकर बहुत मज़ा आया। हम लोग 'स्पाइस स्ट्रिप क्लब' से बाहर निकल आये और टहलते हुए होटल वापस आ गये। सब कुछ एक सुनहरे सपने की तरह था। होटल में आकर हम जैसे ही बिस्तर पर गये, नींद ने हमें अपने आगोश में ले लिया।

ओस्लो, नॉर्वे 17 फ़रवरी, 2020

आज 17 फ़रवरी की सुबह थी। हमें आज ओस्लो में कई जगहों की सैर करनी थी। होटल से कुछ दूर एक जगह से यात्रा शुरू होनी थी। हम एक ख़ूबसूरत सफ़ेद रंग की डबल डेकर बस में सवार हुए। पहले शहर के दर्शन हुए फिर अचानक एक पहाड़ी रास्ता आ गया। बस के अन्दर कमेंट्री चल रही थी। एक–एक इमारत के बारे में बताया जा रहा था। नॉर्वे स्कीइंग के खेल में दुनिया में नम्बर वन है। इंडिया में सर्दियों में शिमला और कश्मीर में इसका नज़ारा मिलता है। लेकिन स्कीइंग को लेकर हिन्दुस्तान में ज़्यादातर लोगों को ज़्यादा जानकारी नहीं है। एक बात और है कि क्रॉस कंट्री स्कीइंग नॉर्वे का नेशनल स्पोट्र्स भी है, ऐसे में स्कीइंग को लेकर नॉर्वे के लोगों में काफ़ी उत्साह भी देखने को मिलता है।

बस में ही पता चला कि हम लोग दुनिया के सबसे ऊँचे 'स्कीइंग स्टेशन' पर जा रहे हैं। इस बात की चर्चा हम पहले भी कर चुके हैं कि नॉर्वे दुनिया का पाँचवाँ अमीर देश है। हम लोग जहाँ जा रहे थे, वह जगह 1867 में बसी थी, लेकिन तब भी वहाँ ऊँचे पहाड़ पर मेट्रो ट्रेन ले जायी गयी। इससे अन्दाज़ा लगाया जा सकता है कि नॉर्वे की इकोनॉमी पहले से ही मज़बूत रही है। नॉर्वे की दाद देनी होगी कि इनकी यह सोच कितना आगे की रही है। पहले नॉर्वे की पूरी अर्थव्यवस्था मछली पकड़ने के व्यवसाय पर टिकी थी, लेकिन आज टूरिज़्म भी नॉर्वे की इकोनॉमी का मुख्य हिस्सा है और क्यों ना हो, इतनी सफ़ाई, इतनी सुन्दरता और हैरतअंगेज़ चीज़ें किसी को भी यहाँ आने को मज़बूर कर दें।

स्कीइंग स्टेशन के पास पहुँचने पर बस रुकी। बाहर तापमान वही माइनस दो डिग्री। पर अब हम भी ढीठ हो चले थे। साज़ो–सामान से लैस भी थे यानी ठण्ड से निपटने की तैयारी पूरी थी। नॉर्वे की स्कीइंग का दुनिया में इतना बड़ा नाम कैसे है? यहाँ आकर पता चला। कैसे छोटे–छोटे बच्चों को स्कीइंग का हुनर सिखाया जाता है, यह देखने का मौका मिला। नॉर्वे के स्कूलों में तीन साल की

डबल डेकर बस, ओस्लो

उम्र से ही बच्चों को स्कीइंग सिखाना शुरू कर दिया जाता है। डे केयर के साथ स्कीइंग शुरू हो जाती है। ऐसे में आगे चलकर इन बच्चों का स्क़ीइंग में बढ़िया परफॉरमेंस करना तो तय है। स्कीइंग में ओलिम्पिक मेडल सबसे ज़्यादा नॉर्वे के ही पास है। एक और दिलचस्प बात आपको बताता चलूँ कि नॉर्वे और स्वीडन के बीच स्कीइंग को ले कर जबरदस्त प्रतिस्पर्धा चलती है, बिल्कुल भारत–पाकिस्तान के बीच क्रिकेट मैच वाली। दोनों देश एक दूसरे से स्कीइंग में हारना नहीं चाहते।

स्कीइंग पार्क से फिर हम लोग एक पब्लिक पार्क में गये। इस पार्क का नाम 'फ्रागनर मैनोर' था। यह पहले एक छोटा–सा पार्क हुआ करता था, जिसे अठारहवीं शताब्दी में इसके मालिक

जनरल हंस जैकब शील ने बनवाया था। उन्होंने इसे एक रोमांटिक पार्क की शक्ल दी। 1924 से 1943 के बीच गुस्ताव विगीलैंड ने इसे एक नया रूप दिया, जो एक जाने–माने मूर्तिकार थे। यह पार्क मूर्तिकला का बेहतरीन नमूना है। हमारा गाइड कमाल का शख़्स था, एक–एक मूर्ति के बारे में बताता चल रहा था। उसने बातों ही बातों में हमें पूरा पार्क घुमा दिया।

अब हम 'वाइकिंग म्यूज़ियम' की तरफ़ बढ़ चले थे, जिसका टिकट बीते दिन हमने कोलकाता की एक महिला पर्यटक से हासिल किया था। साजिद के लिए वाइकिंग म्यूज़ियम की टिकटें किसी जीत की ट्रॉफी की तरह थीं। यह बंगाली महिला से बांग्ला में बात करने का नज़राना था। करीब 20 मिनट में हम लोग 'वाइकिंग म्यूज़ियम' पहुँच गये। वाइकिंग शिप म्यूज़ियम अद्भुत है! समुद्र में डूबे तीन जहाज़ों को निकाला गया है और उनके टुकड़ों को जोड़कर वही पुराना आकार दिया गया है, जैसे वह पहले दिखते थे। इसे ऐसा आकार दिया गया है कि आपको लगेगा, जैसे आज ही बनाया गया है। यह म्यूज़ियम सबसे ज़्यादा ओसबर्ग शिप के लिए प्रसिद्ध है। इसके अलावा, यहाँ गोक्स्ड शिप और तूने शिप को भी रीक्रिएट किया गया है। वाइकिंग एज की दूसरी बहुत–सी चीज़ें भी यहाँ देखने को मिलती हैं।

जब नॉर्वे में तेल की खदानें नहीं मिली थीं, उस वक़्त यहाँ के लोग काफ़ी मेहनती थे और पूरी अर्थव्यवस्था मे मछुआरों का बड़ा योगदान था। इस म्यूज़ियम में इन लोगों के जीवन–यापन के तौर–तरीक़ों के बारे में भी बताया गया है। वे क्या पहनते थे? कौन से हथियार इस्तेमाल किया करते थे? उनका रहन–सहन कैसा था? सब कुछ इस म्यूज़ियम में दर्शाया गया है। एक शॉर्ट फ़िल्म भी दिखायी गयी। इसके बाद हमने कुछ मोमेंटोज़ लिए और म्यूज़ियम से बाहर आ गये।

'वाइकिंग शिप म्यूज़ियम' से ओस्लो शहर का फ़ासला क़रीब आठ किलोमीटर का था। यहाँ लोकल बस का सफ़र बहुत महँगा था। दूसरा हमारे पास टाइम भी था तो सोचा पैदल ही चलते हैं। हम लोग आधुनिकता और प्राकृतिक नज़ारों को निहारते हुए बढ़ते चले जा रहे थे। ठण्डी और ताज़ी हवा के बीच बातें करते हुए हम लोग अपने होटल पहुँच गये। यक़ीन मानिए, सफ़र में थकान बिल्कुल नहीं हुई, ख़ूब मज़ा आया। ठीक ही कहते हैं—किसी देश को महसूस करना हो तो बस निकल जाइए यूँ ही।

द विगेलैंड पार्क, ओस्लो

ओस्लो कमाल का शहर है, यहाँ के नज़ारे मेरे दिलो–दिमाग़ में आज तक ताज़ा हैं। यहाँ की नाइट लाइफ़ इस शहर की ख़ूबसूरती जितनी ही कमाल की है। ओस्लो में गयूनरलोका नाम का इलाक़ा नाइट लाइफ़ के लिए जाना जाता है, जो शहर के केन्द्र में है। लोकल्स के अलावा विदेशी सैलानियों के लिए भी यहाँ आना पहली पसन्द होती है। यहाँ मल्टीलेवल इंटरटेनमेंट बार फैसिलिटी में लोग जमकर मस्ती करते हैं। ओस्लो में सिटी हॉल के सामने ग्लेशियर से बनी झील है जो यहाँ के आकर्षण का बड़ा केन्द्र है। वहीं, ओस्लो ऑपेरा की छत से अगर आपने शहर का नज़ारा नहीं देखा तो आपने मानो ओस्लो नहीं देखा।

वैसे, यहाँ की मेन शॉपिंग स्ट्रीट यानी द कॉल योहान स्ट्रीट भी घूमने लायक है। जहाँ घूमते–घूमते वक़्त कब बीत जाता है, पता ही नहीं चलता। ओस्लो को अगर आप और क़रीब से जानना चाहते हैं तो यहाँ कई म्यूज़ियम हैं। यहाँ के म्यूज़ियम में पुराने दौर की ज़िन्दगी को जीवन्त होते देखा जा सकता है। यही नहीं, नेशनल थियेटर ऑफ ओस्लो और नेशनल आर्ट गैलरी भी कम दिलचस्प नहीं हैं। ओस्लो के पास ओस्टफोल्ड और मेस्टफोल्ड दो और ख़ूबसूरत जगहें हैं, जहाँ नॉर्वे अपने पूरे निखार के साथ नज़र आता है।

द वाइकिंग म्यूज़ियम, ओस्लो

आज रात दस बजे हमारी बस थी, एक नये शहर और एक नये देश के लिए। हमारा अगला पड़ाव था स्वीडन की राजधानी स्टॉकहोम। स्टॉकहोम के लिए बस की यात्रा थी। करीब 10 घण्टे के सफ़र के लिए मन में अलग तरह का रोमांच था। हम लोग होटल पहुँचे, पैकिंग की और पैदल ही बस स्टेशन के लिए निकल पड़े। जैसा मैंने आप को पहले भी बताया, हर जगह वाई–फाई का नेटवर्क

इतना तगड़ा था कि आप हर वक़्त कनेक्टेड रहते हैं। फिर चाहे घर बात करनी हो, वीडियो कॉल करनी हो, फ़ोटो या वीडियो शेयर करना हो, सब कुछ बहुत आसान हो जाता है। बातें करते–करते हम लोग बस टर्मिनल पहुँच गये। बस टर्मिनल भी शानदार था। सफ़ाई यहाँ के कैरेक्टर में है। सच में यह सीखने वाली बात है। सफ़ाई के चलते हर चीज़ ख़ूबसूरत लगती है। दूसरी क़ाबिले तारीफ़ बात समय की पाबन्दी को लेकर है, सभी चीज़ें समय से होती हैं, समय से चलती हैं। करीब नौ बजकर पैंतालीस मिनट पर हम लोग बस स्टेशन पर थे। हरे रंग की एक लाजवाब बस आयी, हम लोग बस में सवार हुए और वह ठीक दस बजे चल पड़ी। अब हमारी अगली मंज़िल स्टॉकहोम थी, जहाँ एक नये अनुभव के लिए हम सभी उत्साहित थे।

स्टॉकहोम, स्वीडन 18 फ़रवरी, 2020

सुबह सात बजे का वक़्त, नींद खुली तो बस की खिड़की से बाहर की चहल–पहल दिख रही थी। अनाउंसमेंट हुआ कि स्टॉकहोम आ गया है। पूरे शरीर में ठण्ड से सिहरन पैदा हो रही थी। बस स्टेशन से हमारा होटल क़रीब आधे घण्टे के फासले पर था, इसलिए कैब लेना ज़रूरी था। ड्राइवर ने हमें बताया कि हमारा मेट्रो होटल, शहर से थोड़ा बाहर है। ड्राइवर ने हमसे ख़ूब बातें कीं, वह अफ्रीक़न मूल का था, लेकिन क्यूबा का रहने वाला था। हम स्टॉकहोम में थे, लेकिन क्यूबन ड्राइवर से क्यूबा के बारे में जानने का मौका था, तो हमने ख़ूब बातें कीं उससे। उसने बताया कि क्यूबा संस्कृति में म्यूज़िक और आर्ट की बहुत इंपॉर्टेंस है। क्यूबा में अफ्रीकन और स्पेनिश दोनों संस्कृतियों का संगम देखने को मिलता है और यक़ीन मानिए यह सच है कि क्यूबा के लोगों में डांस को ले कर जनून है। हमसे बात करते हुए भी हमारा ड्राइवर अपना लोक संगीत गुनगुना रहा था और हम भी झूम रहे थे। ख़ैर करीब आधे घण्टे में हम अपनी मंज़िल मेट्रो होटल पहुँच गये। हम लोगों ने ड्राइवर को शुक्रिया कहा।

होटल के रिसेप्शन पर रिया हमारा मुस्कराते हुए स्वागत कर रही थी। हमसे पूरी डिटेल लेने के बाद उसने कहा कि यहाँ से 10 मिनट के फ़ासले पर मेट्रो स्टेशन है। जहाँ से आप मेट्रो स्टेशन तक पैदल जा सकते हैं। सिटी स्टेशन को हार्ट ऑफ स्टॉकहोम कहते हैं। वहाँ से जिधर चाहिए, घूम सकते हैं। रिया ने हमें कमरा नम्बर 306 की चाबी दी। कमरा बहुत छोटा था, मैं दोबारा रिया के पास गया। रिक्वेस्ट किया तो उसने मेरी रिक्वेस्ट मान ली और हमारा कमरा अपग्रेड कर दिया। मैंने अपना चार्म इस्तेमाल किया तो ब्रेकफास्ट का इन्तज़ाम भी कर दिया। स्टॉकहोम का जीवन अचानक आसान हो गया था।

यूरोप में टॉयलेट बहुत इंटरेस्टिंग होते हैं। सीट पर बैठकर आप ब्रश भी कर सकते हैं। थोड़ी–सी जगह का भरपूर इस्तेमाल होता है। हमारे देश में हर चीज़ रॉयल होती है यानी सब कुछ बड़ा होता है। अगर होटल के कमरे में अटैच्ड बाथरूम बड़ा नहीं मिलता तो हमारे नख़रे शुरू, लेकिन यहाँ ऐसा नहीं था। नहा–धोकर हम तैयार हुए और ब्रेकफ़ास्ट टेबल पर पहुँचे। यहाँ कोई मदद करने वाला या फिर वेटर नहीं होता है। ख़ुद ही सर्व करें और खायें। हमारे सामने केवल मुस्कराती हुई रिया थी। टेबल पर दो–तीन क़िस्म की ब्रेड और दूध–मक्खन का भण्डार था। स्वीडन में आप दूध पानी की तरह पीजिए। हमने जल्दी–जल्दी ढेर सारा ब्रेकफास्ट खाया। ख़ूब जी भरकर जूस भी पिया।

अब हम लोग सिटी टूर के लिए तैयार थे। हमने रिया को बाय बोला और होटल से बाहर निकले और मेट्रो स्टेशन के लिए पैदल ही चल पड़े। मेट्रो स्टेशन जाने का रास्ता बेहद ख़ूबसूरत था। पगडण्डी से होते हुए हम मेन रोड पर पहुँच गये। यह जगह शहर से बाहर थी, लेकिन प्राकृतिक सौन्दर्य भरपूर था। रास्ते में एक साइकिल दिखी, उस पर भी नम्बर प्लेट थी। पहली बार हमने साइकिल पर नम्बर प्लेट लगी हुई देखी। वैसे भी यूरोप में साइकिल की सवारी ख़ूब होती है और ऐसे में लोग अपनी साइकिल को भी ख़ूब शान से घुमाते हैं।

हम स्टेशन पहुँचे तो काउंटर पर एक शख़्स बैठा था। उसकी मुस्कराहट ने यह बता दिया था कि वह भारतीय है। विदेशी ज़मीन पर कोई अपने देश का मिल जाता है तो मन गद्‌गद हो जाता है, लेकिन यहाँ तो सोने पर सुहागा था। वह शख़्स मेरी ससुराल का निकला। उसका नाम कैलाश था और वह हिमाचल प्रदेश के काँगड़ा का रहने वाला था।

अपनापन दिखाते हुए उसने हमसे कहा–ख़र्च सोच–समझकर करना, स्टॉकहोम महँगा शहर है। जहाँ भी जा रहे हो, रिटर्न टिकट भी ले लोगे तो फ़ायदे में रहोगे। मेट्रो ट्रेन 24 घण्टे चलती है। स्टॉकहोम का सारा गणित कैलाश जी ने मिनटों में समझा दिया। हम लोग प्लेटफॉर्म पर आने के लिए एक लेवल ऊपर आये। मेन सिटी के लिए मेट्रो एकदम टाइम पर

नम्बर प्लेट वाली साइकिल, स्टॉकहोम

थी। 20 मिनट का रास्ता था। इंडियन मेट्रो से यह सिर्फ़ इतनी ही अलग थी कि यहाँ एक भी सवारी खड़ी नहीं थी। सिटी स्टेशन का अनाउंसमेंट हुआ और हम लोग अपनी मंज़िल पर पहुँच गये।

स्टेशन से बाहर आते ही एक बार फिर से शहर की सुन्दरता और भव्यता से हमारा परिचय हुआ।

हमें यहाँ से 'हॉप ऑन, हॉप ऑफ़' बस पकड़नी थी, दिल्ली में इसे 'होहो' या 'दिल्ली दर्शन' के नाम से जानते हैं। यह बस सेवा यूरोप के क़रीब सभी शहरों में है। हमने सबसे पहले बर्गर किंग से तीन बर्गर पैक कराये। फिर हम लोग डबल डेकर यानी दो–मंज़िला बस में सवार हो गये। एक–एक म्यूज़ियम, सरकारी बिल्डिंग, गिरजाघर और स्ट्रीट दिखाते हुए बस चलती रही। साफ़–सफ़ाई ऐसी कि हम कल्पना भी नहीं कर सकते। मुझे पहली बार अहसास हो रहा था कि हर भारतीय को यूरोप आकर यहाँ की सफ़ाई–व्यवस्था और ख़ूबसूरती से प्रेरणा लेनी चाहिए। यहाँ पैदल चलने वाले और साइकिल वालों को भी बराबर सम्मान मिलता है। पैदल चलने वालों को इतनी इज़्ज़त मिलती, मैंने पहले कभी नहीं देखी थी। हमारे यहाँ तो सड़क पर अगर साइकिल वाला सामने आ गया तो गाड़ी वाले उसे एक ही डायलॉग सुनाते हैं, 'मरेगा क्या''?

बस हमें जहाँ–जहाँ ले कर जा रही थी, उस जगह के बारे में और उस बिल्डिंग के बारे में पूरी जानकारी मिल रही थी। बस ने हमें एक महलनुमा इमारत के सामने उतार दिया। बैक वॉटर्स की एक तरफ़ पार्लियामेंट थी तो दूसरी तरफ़ वास्तुकला का अद्भुत नज़ारा दिख रहा था। यह राजमहल था।

स्टॉकहोम पैलेस को रॉयल पैलेस भी कहते हैं। यह स्वीडिश राजा का आधिकारिक निवास है। इसके बग़ल में एक बिल्डिंग है जो राजा का ऑफ़िस भी है। रॉयल फ़ैमिली के दूसरे लोगों का घर और रॉयल कोर्ट भी इसी के पास है यानी यह पूरी जगह पावर हाउस है और सारा का सारा अहम और ज़रूरी काम यहीं से होता है।

हमने राजमहल के सामने ढेरों तस्वीरें खिंचवायीं। उसके बाद हम लोग पुराने स्टॉकहोम को देखने के लिए पैदल ही निकल पड़े। लाल–पीली, हरी–नीली पुरानी इमारतें ऐसी लग रही थीं, मानों सुन्दर खिलौने हों। साजिद का शौक़ हर जगह की यादें सँजोने का है।

वह एक गिफ्ट शॉप में घुस गया। मैंने भी यहाँ से अपनी पत्नी अंजू के लिए एक बहुत ही क़ीमती स्टोन वाली अँगूठी ख़रीदी। संजीव ने भी यहाँ से कुछ ख़रीदारी की।

अब भूख लग गयी थी। सामने 'लिल्ला कराची' नाम का एक पाकिस्तानी रेस्त्राँ दिखा। रेस्त्राँ के अन्दर गये तो पता चला कि इसका मालिक राशिद बांग्लादेशी है। अब आपको समझाना होगा कि दो बंगाली मिल जायें तो आपको मिनटों में पराया कर देते हैं। मैं और संजीव एक टेबल पर बैठ गये और साजिद और राशिद बांग्ला-बांग्ला खेलने लगे। अचानक साजिद को हमारा ख़्याल आया तो हमारे पास आकर बोला-"संजीव आपके लिए साग-पनीर और मेरे और पंकज के लिए लाल मांस बन रहा है।" जब तक खाना तैयार होता, तीन लार्ज वोदका हमारी टेबल पर थी। क़सम से यूरोप की ठण्ड में वोदका ही जीवन है या यूँ कहें कि यूरोप का सोमरस।

रेस्त्राँ मालिक की बात और लज़ीज़ भोजन के साथ एक घण्टे का समय आराम से बीत गया। खाने के बाद चाय हमें फ्री में पिलायी गयी। हमने राशिद को भारत आने का न्योता दिया और बाहर निकल आये। यहाँ हमने बाज़ार से बहुत-सी छोटी-छोटी चीज़ें ख़रीदी। एक बात ग़ौर करने लायक थी कि हम यहाँ काफ़ी पैदल चल रहे थे जबकि भारत में कभी भी इतना पैदल नहीं चलते हैं।

शायद इसके पीछे वजह है कि यहाँ सड़कों पर ट्रैफिक कम है, साफ़-सफाई बहुत है और शहर का वातावरण बहुत साफ़-सुथरा है। ऐसे में आपको यहाँ पैदल चलने में मज़ा आता है। ख़ूबसूरत नज़ारे आपकी थकान को दूर कर देते हैं। फिर यूरोप महँगा भी है। टैक्सी का किराया भी काफ़ी है। इसलिए सेहत और पॉकेट के लिए पैदल चलना बेहतर है। इधर-उधर घूमते, शॉपिंग करते अँधेरा घिर आया था। लेकिन हमारा आज रात का फिर ज़बरदस्त प्लान था। वह क्या था, उससे पर्दा उठना अभी बाकी था। हम लोगों ने सोचा कि पहले कुछ खा लिया जाये। फिर एक इंडियन रेस्त्राँ पर तलाश ख़त्म हुई।

लिल्ला कराची रेस्तराँ, स्टॉकहोम

यह बहुत ही छोटा, लेकिन शान्त रेस्त्राँ था। कुल छह से सात टेबल थे, सभी टेबल पर टूरिस्ट और कुछ लोकल लोग अलग–अलग शराब का लुत्फ़ उठा रहे थे। सभी लोग बटर–चिकन, तन्दूरी–चिकन उड़ा रहे थे।

एक टेबल पर एक शख़्स कुछ जाना–पहचाना नज़र आया। लग रहा था, इनके बारे में कहीं देखा या पढ़ा है। मैंने वेटर को बुलाया और पूछा कि यह कौन हैं? उसने बताया कि यह स्वीडन के सबसे बड़े फ़िल्म मेकर रॉय एंडरसन हैं। इनकी फ़िल्म 'ए स्वीडिश लव स्टोरी' मैंने देखी थी। मुझे यह फ़िल्म बहुत पसन्द आयी थी। अब मेरे लिए यह फैन बॉय मोमेंट था। वो चिकन–तन्दूरी खा रहे थे, लेकिन बिना नाराज़गी के मुस्कराते हुए उन्होंने हमारे साथ फ़ोटो खिंचवा ली। खाने के साथ एक लीजेंडरी फ़िल्म मेकर के दर्शन, मज़ा आ गया। हम पेट पूजा कर चुके थे। दूसरा काम करना अभी बाक़ी था। 'गेट सेट गो' बोला गया और हमारे क़दम आज रात की आख़िरी मंज़िल की ओर चल पड़े।

'क्लब किनो' हमारी मंज़िल थी, जो एक नाइट क्लब था। स्टॉकहोम की एक शानदार बिल्डिंग की निचली मंज़िल पर यह क्लब था। यहाँ एक मुस्कराती हुई महिला ने हमारा स्वागत किया।

हमें तीन टिकट दिये गये। टिकट लेने के बाद हम लोग एक गुफानुमा कमरे में दाख़िल हुए। अन्दर अँधेरा था और हल्की–हल्की रोशनी आ रही थी। धीमी संगीत की धुन सुनायी पड़ रही थी। जब हम अन्दर पहुँचे तो देखा यहाँ का नज़ारा काफ़ी रंगीन था।

स्वीडिश फ़िल्ममेकर, रॉय एंडरसन

बेहद ही कम कपड़ों में परी–सी दिखने वाली छह से सात ख़ूबसूरत गर्ल्स हमारा इन्तज़ार कर रही थीं। गाँव से शहर आने पर जो अनुभव होता है, यहाँ आकर कुछ वैसा ही लग रहा था। यहाँ आने का एक ही मकसद था, ख़ूबसूरत पलों को जीना। ज़िन्दगी इतनी छोटी है कि ख़ुशियों के पल कब आकर चले जाते हैं, पता ही नहीं चलता।

ख़ैर, एक बात बताना बेहद ज़रूरी है कि इन नाइट क्लबों का एक नियम होता है कि एक ड्रिंक आपकी टिकट में ही शामिल होता है। ड्रिंक लेकर एक–एक लड़की आपके पास आती है। आपसे बातें करती है।

लड़कियाँ बारी–बारी से डांस करती हैं और कुछ देर बाद डांस ख़त्म हो जाता है। हमारा यह दूसरा अनुभव था, जो पहले से बेहतर था। इसमें रहस्य था, रोमांच था, आनन्द था और ऐसा लग रहा था कि जैसे हमने कुछ पा लिया हो। एक घण्टा हमने यहाँ बिताया। हम उस रंगीन दुनिया से बाहर आये, टैक्सी ली और अपने होटल वापस आ गये। स्टॉकहोम का पहला दिन बेहद शानदार रहा। दूसरा दिन भी बेहद शानदार रहने वाला था, क्योंकि दूसरे दिन समन्दर में जहाज़ पर बैठकर हमें स्टॉकहोम शहर का दीदार करना था। इन्हीं सपनों के साथ आँखों में नींद लिए हम सो गये।

स्टॉकहोम, स्वीडन 19 फ़रवरी, 2020

आज 19 फ़रवरी की सुबह थी। संजीव आज भी सबसे पहले तैयार हो गये, पता नहीं यह शख़्स कौन सा मेडल अपने नाम करना चाहता है भाई। ऊपर से हमारी रज़ाई खींचकर हमें ग़ुस्सा दिलाकर जगा देने की आदत। वैसे उनकी शैतानी भरी मुस्कराहट को देखकर गुस्सा प्यार में बदल जाता है।

हम तैयार हुए और अपना–अपना सामान भी पैक कर लिया। हम लोग होटल के रिसेप्शन पर पहुँचे और सामान रखवाया। आज रात नौ बजे की बस थी और हमें फिर अगले देश जाना था। सामान रखने के बाद हम लोग बाज़ार की ओर निकल पड़े। एक बार फिर बर्गर किंग के आउटलेट पर पहुँचे, जो हमारा मनपसन्द अड्डा बन गया था। वहाँ से पेट पूजा करने के बाद हम लोग पैदल ही निकल पड़े अपने डेस्टिनेशन के लिए। हम पैदल चलते–चलते बैक वॉटर के पास पहुँचे। यहाँ एक–से–एक सुन्दर शिप खड़ी हुई थीं।

हम यहाँ एक दो–मंज़िला जहाज़ पर सवार हो गये। इन्हें आमतौर पर ओशन बस भी कहा जाता है। यहाँ एक गाइड भी रहता है, जो आपको सारी जानकारी भी देता रहता है। शिप के अन्दर बैठे हैं तो मौसम सुहाना और अगर बाहर बैठना है तो कड़ाके की ठण्ड। इसलिए बाहर बैठने के लिए कम्बल मिलेगा। अपने–अपने कम्बल में

लिपटे हम निकल पड़े समन्दर की लहरों के बीच अपनी यात्रा पर। समन्दर से तमाम रईसों के महलनुमा घर दिखायी पड़ रहे थे। कोई एक्टर का घर था तो कोई बड़े व्यापारी का महल था। यह जगह जितनी ख़ूबसूरत थी, उतने ही ख़ूबसूरत यहाँ के घर थे। ऐसा लग रहा था कि स्वर्ग अगर धरती पर कहीं है तो बस यहीं है। करीब सवा घण्टे की यात्रा थी। पूरी दुनिया से इन देशों में लोग घूमने आते हैं। अपने वॉटर इंफ्रास्ट्रक्चर को क्या ख़ूब रंग दिया है इन देशों ने, शायद यह एक बड़ा कारण है कि लोग यहाँ बार–बार आना चाहते हैं और इन सबका अनुभव लेना चाहते हैं।

यूरोप में स्वीडन ने मुझे सबसे ज़्यादा आकर्षित किया। यहाँ की ख़ुशहाली आप फिज़ाओं में महसूस कर सकते हैं। स्वीडन मुझे बहुत ही सीधा–सादा और रॉयल देश लगा। मैं यहाँ के लोगों की मेहमान नवाज़ी का कायल हो गया, आउट ऑफ़ द वे जाकर मदद को तैयार रहते हैं। इसका अनुभव मुझे भी हुआ। यह अनुभव आपको भी स्टॉकहोम आकर ज़रूर हो जायेगा। यह नॉर्वे की ही तरह ख़र्चीला देश है। एक स्वीडिश क्रोनर की कीमत नौ रुपये के बराबर है। लिहाज़ा यहाँ भी आपको थोड़ा किफ़ायती तरीक़ों का सहारा लेना पड़ेगा। अगर आपने स्वीडन के लिए एक हफ्ते का प्लान बनाया है, तो आपको करीब एक लाख रुपये ख़र्च करने होंगे। स्वीडन की एक ख़ास बात जो आज हर देश को सीखनी चाहिए, वह यह है कि यहाँ दुनिया का बेस्ट रिसाइकिल सिस्टम है, यह देश दूसरे देशों से कचरा ख़रीद कर उन्हें रिसाइकिल कर उन्हीं देशों को फिर बेच देता है। अप्रैल, 2018 में भारतीय प्रधानमन्त्री नरेन्द्र मोदी ने अपनी स्वीडन यात्रा के दौरान नॉर्डिक देशों, जिनमें स्वीडन भी शामिल है, उनके साथ कचरा प्रबन्धन, स्टार्टअप, शिक्षा जैसे तमाम क्षेत्रों में सहयोग बढ़ाने पर ज़ोर दिया। दूसरे शब्दों में कहें तो हम भी स्वीडन से ख़ुशहाली के गुर सीख रहे हैं। भारत आज स्वीडन के साथ स्मार्ट सिटी, जल–शोधन, सर्कुलर इकोनॉमी, स्मार्ट ग्रिड, ई–मोबिलिटी समेत कई क्षेत्रों में अपने सम्बन्ध बेहतर कर रहा है।

लगे हाथ बताता चलूँ कि अपने देश में 250 से ज़्यादा स्वीडिश कम्पनियाँ और ऐसे ही भारत की 75 कम्पनियाँ स्वीडन में काम कर रही हैं।

स्वीडन एक संगीत प्रेमी देश है और दुनिया का सर्वश्रेष्ठ म्यूज़िक बैंड ABBA साल 1972 में स्टॉकहोम में ही बना था। स्टॉकहोम पहुँचते ही ABBA का पॉपुलर म्यूज़िक मेरे ज़हन में मानो गूँजने लगा। मैं इनका संगीत सुनते हुए बड़ा हुआ हूँ। इस लिहाज़ से आप कह सकते हैं कि एक तरह से मैं अपने बचपन की संगीतमय यादों को एक बार फिर से जीने के लिए स्वीडन पहुँचा था। आज भी वक़्त निकाल कर मैं नामी म्यूज़िक बैंड के म्यूज़िक का आनन्द लेता रहता हूँ। मेरे पास ABBA के कुछ कलेक्शन भी हैं। स्टॉकहोम पहुँचते ही मेरे कानों में जैसे इस बैंड का संगीत गूँजने लगा। बस मेरे शरीर का थिरकना बाक़ी रह गया था।

स्टॉकहोम को पानी पर बसा एक शहर कहा जा सकता है, यह शहर कई आईलैंड के समूह जैसा है। यही वजह है कि किसी भी कोने से देखिए इस शहर का नज़ारा बेहतरीन ही नज़र आयेगा। सिटी का वॉटर फ्रंट एरिया सैलानियों के लिए सेंटर ऑफ अट्रैक्शन तो है ही, स्थानीय लोग भी यहाँ थकान मिटाने के लिए आते हैं। यहाँ से एक आईलैंड से दूसरे आईलैंड जाने के लिए बोट्स मिलती हैं, यहाँ आने वाला कोई भी शख़्स बोट राइड से नहीं चूकता, क्योंकि यह शहर को निहारने का बेस्ट ऑप्शन है। इसके अलावा यहाँ विंटेज रेल और सिटी बाइक्स भी शहर घूमने के लिए मिलती हैं। लेकिन आप अगर बुज़ुर्गों के साथ यहाँ घूमने आये हैं तो आपके लिए ओपेन रूफ बस एक अच्छा ऑप्शन है।

सिटी के टॉप अट्रैक्शन की बात करें तो पार्लियामेंट बिल्डिंग, ड्रॉटनिंगहोम पैलेस, स्वीडिश ग्रैंड ऑपेरा, स्काई व्यू, जैकेब्स चर्च, वासा म्यूज़ियम, फ़ोटोग्राफी म्यूज़ियम, कंसर्ट हाउस घूमने लायक हैं। और हाँ, ओल्ड टाउन तो इस शहर की जान है। यहाँ की तंग गलियों में घूमने का अपना अलग मज़ा है। पुराने शहर को जी भरकर

निहारना हो तो इस शहर में एक व्यू प्वाइंट है। सर्दियों में तो यहाँ का नज़ारा देखते ही बनता है। इसके अलावा, स्वीडन आकर अगर आपने आइस स्केटिंग, आइस होटल और ट्रेडिशनल स्वीडिश फूड का आनन्द नहीं लिया तो मानो आप मन्दिर तो आये, लेकिन मत्था टेकना भूल गये।

हमारी यात्रा ख़त्म हुई तो सोचा एक बार फिर से पुराना स्टॉकहोम देख लिया जाये। दरअसल, मन नहीं भर रहा था। इस ख़ूबसूरत शहर में पैदल घूम लेना ही बड़ी बात है। यहाँ की तंग गलियाँ और ख़ूबसूरत पत्थरों से बनीं सड़कें लुभा रही थीं। सड़कें साफ़ और वास्तुकला ऐसी कि लगे, जैसे सभी जगहों पर पेंटिंग की गयी हो। घूमते हुए ऐसा लग रहा था कि लाजवाब ब्यूटी को अब्ज़ॉर्व करने का मौका मिल रहा है।

शाम ढलने लगी थी। हम थक चुके थे। हम लोगों ने होटल जाने के लिए एक टैक्सी कर ली। क़रीब दो घण्टे होटल में गुज़ारने थे इसलिए मोबाइल चार्ज पर लगाया होटल में थोड़ा आराम किया फिर एक–एक कप चाय पी और फिर बस स्टॉप की तरफ़ पैदल ही निकल पड़े। आप जब भी स्वीडन जायें तो एक बात का जरूर ध्यान रखें। यहाँ वॉशरूम जाने के लिए भी पैसे देने पड़ते हैं। अगर लोकल करेंसी क्रोनर में बात करें तो 5 से 10 क्रोनर लग सकते हैं। इंडियन रुपये में हिसाब लगा लें तो शायद टॉयलेट जाने का फिर मन ही न करे। यहाँ कुछ भी मुफ़्त में नहीं मिलने वाला। एक बात का और ध्यान रखें कि अगर ज़्यादा समय बाहर हों तो पानी ज़रा हिसाब से ही पियें। स्टेशन की सफ़ाई देखते ही बन रही थी। इस बात का अहसास हो गया कि यहाँ सफ़ाई रखना पहली प्राथमिकता है। ठीक दस बजे हमारी लग्जरी बस स्टेशन पर पहुँच गयी। हम लोग लपक कर बस में सवार हो गये। हमारी यात्रा क़रीब नौ घण्टे की थी। रात का समय था, सड़क पर कुछ दिखने वाला नहीं था। इसलिए हमने सोचा यात्रा के दौरान सो जाते हैं, सम्भव हुआ तो सुबह बाहर का नज़ारा लिया जायेगा। बस चल पड़ी थी, हमारी अगली मंज़िल डेनमार्क की

राजधानी कोपेनहेगन के लिए। थोड़ी देर हम लोगों ने बातें कीं और फिर बातें करते–करते हम सपनों की दुनिया में चले गये।

कोपेनहेगन, डेनमार्क, 20 फ़रवरी, 2020

सुबह जब आँख खुली तो उस वक़्त सुबह के साढ़े सात बज रहे थे। बाहर हल्की–हल्की बारिश की बूँदें पड़ रही थीं। बस के बाहर खिड़की की तरफ़ देखा तो रंग–बिरंगी लाइट्स नज़र आ रही थीं। लोग सड़क पर चलते दिखायी पड़ रहे थे। यूरोप में लोग सुबह जल्दी उठ जाते हैं। इस बात को मैं बख़ूबी महसूस कर रहा था। सुबह जल्दी उठना, पैदल चलना शायद यही वजह है कि यूरोप के लोग काफ़ी फिट नज़र आते हैं। पार्टी भी ख़ूब करते हैं, दारू भी ख़ूब चलती है, पर फिर भी तन्दरुस्त रहते हैं।

हमारी बस रुक गयी थी और जिस जगह पर बस रुकी थी, वह शायद स्टेशन के बाहर की जगह थी। इसलिए यहाँ काफ़ी रौनक थी। हम लोग बस से उतरे तो बाहर साइकिलों की भरमार थी। कोपेनहेगन को साइकिलों का शहर भी कहा जाता है। दरअसल साइकिल पूरे डेनमार्क के लैंडस्केप का एक हिस्सा है। शहर को प्लान भी कुछ ऐसे किया गया है कि यह जगह साइकिलिंग के लिए सुविधाजनक हो। नम्बर्स की बात करें तो 62 फ़ीसदी से भी ज़्यादा लोग अपने काम के लिए साइकिल का इस्तेमाल करते हैं। है ना कमाल की बात। काश, हम भी यह कर पाते। सोचकर देखिए दिल्ली की बड़ी–बड़ी सड़कों पर साइकिलें दौड़ रही हों। कोई प्रदूषण नहीं, कोई भी शख़्स ओवर वेट नहीं। सड़क पर जाम नहीं।

ख़ैर, हम लोगों ने टैक्सी की तलाश शुरू कर दी, बाहर थोड़ी दूर पर देखा काली और सफ़ेद मर्सिडीज़ खड़ी थीं। यहाँ भी एक बार फिर मर्सिडीज़ की बेइज़्ज़ती होते देख दुख हुआ। दरअसल, जितनी बेइज़्ज़ती इस कार की यूरोप में हो रही थी, उतनी कहीं नहीं देखी। मर्सिडीज़ की चिन्ता उनके मालिकों पर छोड़कर हम कैब में सवार हुए और मुश्किल से 15 मिनट के बाद हम अपने होटल के बाहर थे। यह ख़ूबसूरत होटल व्हाइट हाउस की तरह था। नाम था 'मैरीटाइम'।

होटल के अन्दर एक स्मार्ट–सा अधेड़ व्यक्ति हमारा इन्तज़ार कर रहा था। उम्र करीब 60 साल रही होगी।

हमने अपना परिचय दिया और पासपोर्ट दिखाया तो उसने कहा–"हाँ, आपका कमरा बुक है, लेकिन बारह बजे से मिलेगा।" हमने लाख कोशिश की, लेकिन वह नहीं माना। चार्म का तीर भी तरकश से निकाला, पर निशाना नहीं लगा। वह बोला–"आप पीछे के बाथरूम में फ्रेश हो सकते हैं। चाय आपको यहीं मिल जायेगी। बाहर घूमिए, कोपेनहेगन बढ़िया शहर है। ठीक बारह बजे आइएगा।" हमने सामान रखा, पीछे के बाथरूम का उपयोग किया, चाय शौक फरमायी और सोचा, चलिए बाहर शहर ही घूम लेते हैं। पैदल निकलकर बाहर आये तो पाँच मिनट के फ़ासले पर नदी थी। नदी एकदम साफ़–सुथरी थी। दोनों तरफ़ ख़ूबसूरत इमारतें थीं। कई इमारतें 1865 की बनी हुई थीं तो कुछ इमारतें 1892 की बनी हुई थीं, लेकिन देखने में ऐसी लग रही थीं कि जैसे ब्रैंड न्यू हों। मैं बार–बार इसलिए यह कह रहा हूँ, क्योंकि सच में यह हैरतअंगेज़ बात है कि कैसे ये लोग अपनी बिल्डिंग्स को इस तरह मेनटेन कर पाते हैं। शायद हवा साफ़ है, शायद लोग सफ़ाई को लेकर गम्भीर हैं। शायद अपने देश को ले कर जज्बा बड़ा है। हमारा देश भी तो कितना सुन्दर है, कितनी आलीशान इमारतें हैं, हमें भी कुछ करना चाहिए जिससे कि वे भी हमेशा ऐसी ही भव्य, सुन्दर दिखती रहें। हम इसी उधेड़बुन में थे कि चलते–चलते दूर एक पुल नज़र आया। ठण्ड काफ़ी थी लेकिन लग नहीं रही थी, क्योंकि हम पूरी तैयारी के साथ गर्म कपड़े पहनकर आये थे। आज यहाँ भी हल्की–हल्की बारिश हो रही थी।

पुल पर जाकर देखा कि नदी के किनारे बड़े–बड़े जहाज़ खड़े थे। यहाँ जो भी गाड़ियाँ खड़ी थीं, एकदम व्हाइट लाइन के अन्दर, क्योंकि आपने अगर कहीं ग़लती से भी इधर–उधर गाड़ी खड़ी कर दी तो चालान सीधा आपके घर पर पहुँच जायेगा। हम लोगों ने थोड़ी रनिंग की, हाथ–पैर हिलाये। मैंने और संजीव ने फिर लम्बी–लम्बी साँसें लीं। सब कुछ बहुत ही फ्रेश था। लगा ताज़गी से भर गये।

बहुत देर से साजिद ग़ायब था। हम दोनों ने एक साथ बोला, 'विपिन' से बात कर रहा होगा। मुझे और संजीव को पूरा यक़ीन है कि ये 'विपिन' लड़की है, लेकिन साजिद हमेशा हँसकर कह देता है 'नो'!

बहरहाल, मैं और संजीव दोनों टहलते हुए चले जा रहे थे। मुख्य सड़क पर आये तो साइकिलों का रेला था। मुझे आश्चर्य हुआ कि यहाँ पैदल चलने वाले और साइकिल वालों को इतनी इज़्ज़त मिलती है। बहुत–सी साइकिलों में ट्रॉली लगी हुई थी। पूरी तरह से आर–पार दिखने वाला कवर लगा हुआ था। अन्दर छोटे–छोटे बच्चे बैठे हुए थे। दरअसल, यहाँ माँ–बाप दोनों काम पर जाते हैं। यहाँ के लोगों की सुबह की एक तरह की ड्यूटी होती है, बच्चों को स्कूल छोड़ने की। हम लोग एक स्कूल के पास रुके भी। लाल सेब की तरह गाल लिए छोटे–छोटे बस्ते उठाये बच्चे अपने माँ–बाप को 'बाय' बोलकर हमारे सामने स्कूल के अन्दर जा रहे थे। मैंने उन छोटे बच्चों की ढेर सारी तस्वीरें क्लिक कीं। कुछ तस्वीरों की कोई वजह नहीं होती, यह बस आप यूँ ही खींच लेते हैं, अपने लिए, उस पल के लिए।

नदी के दोनों तरफ़ छोटी–छोटी नावें खड़ी थीं। पता चला कि ये सब प्राइवेट बोट्स हैं। वीकेंड पर अक्सर लोग अपने परिवार के साथ नाव में सवार होकर घूमने के लिए निकल जाते हैं। ज़िन्दगी को कैसे भरपूर जिया जाता है कोई इनसे सीखे। ज़िन्दगी यूरोप के देशों में जितनी ख़ूबसूरत है। शायद दुनिया में और कहीं नहीं है। हम लोग पैदल चले जा रहे थे। चलते–चलते अचानक चर्च के घण्टे की आवाज़ सुनायी दी। 11 बज चुके थे। दरअसल, हर घण्टे पर चर्च में यह बेल बजती है।

यहाँ के लोगों ने अपने घर इतने सलीके से सजाये हैं कि देखते ही बनता है। हर घर के बाहर दो सफ़ेद लकीरों के बीच करीने से कार खड़ी मिलेगी। हम आदत से मज़बूर अनुमान लगाने लगे कि यहाँ प्रॉपर्टी कितनी महँगी होगी। बाद में मालूम भी चला कि तक़रीबन 2500 डॉलर स्क्वायर फीट। पर छोड़िए लेना किसे है। यही सोचकर मन को तसल्ली दे दी।

अब सोचा साजिद को ढूँढ़ा जाये। दूर से देखा तो साजिद चला आ रहा है और उसके एक हाथ में बर्गर और दूसरे हाथ में कॉफी का कप था। उसने बर्गर तो खाया ही, हमारी गाली भी खायी। अब हमने सोचा कि कुछ खाने का सामान और पीने के लिए वाइन ख़रीदी जाये। यूरोप के ग्रोसरी स्टोर्स में सब कुछ मिल जाता है तो ग्रोसरी स्टोर ढूँढ़ते हुए हम बढ़े जा रहे थे। फ़िल्म 'सिलसिला' का गाना, "ये कहाँ आ गये हम..." गुनगुनाते हुए। संजीव 'बच्चन साहब' हैं, ये 'बच्चन साहब' क्यों हैं, इस पर से पर्दा उठा ही देता हूँ। अरे साहब, बड़े भाई हैं तो रौब हम पर हमेशा एंग्री यंग मैन जैसा झाड़ते हैं। एक साथ चलने में और गाना गाने में बहुत मज़ा आ रहा था। मैंने, साजिद और संजीव ने काफी यात्राएँ एक साथ की हैं, लेकिन ये ज़्यादातर हिमाचल प्रदेश में की हैं। उन यात्राओं में भी काफ़ी मज़ा आया, लेकिन यूरोप की यह यात्रा कुछ अलग थी।

चर्च ऑफ़ अवर सेवियर, कोपेनहेगन

अब हम एक स्टोर के आगे खड़े थे। स्टोर का मालिक पोलैंड का था। हमने यहाँ से कुछ वाइन, कुछ बिस्किट्स और चिप्स लिए और निकल पड़े। हमें वापस होटल लौटना था। चार घण्टे में हम लोग कम–से–कम 10 किलोमीटर पैदल चल चुके थे, लेकिन इतना चलने के बाद भी थकान महसूस नहीं हुई। यहाँ तक कि चार घण्टे शहर की ख़ूबसूरती को निहारते हुए आराम से बीत गये। हम लोग होटल पहुँच गये। होटल के रिसेप्शन पर अब एक बुज़ुर्ग महिला थी। उसने हमें कमरे की चाभी थमा दी। हमारा कमरा चौथी मंज़िल पर था, कमरा नम्बर–409।

आप सोच रहे होंगे कि मुझे हर जगह का कमरा नम्बर कैसे याद है? वह इसलिए कि हर जगह की डुप्लीकेट चाबी मैं अपने साथ ले आया था। अरे, आप बेवजह चिन्ता न करें, यह उस देश की याद और निशानी साथ लेकर आने जैसी बात है। अब एक रोमांचक मैच के बाद खिलाड़ी अगर पिच से विकेट या गेंद अपने साथ ले जाता है, तो इसमें हर्ज़ ही क्या है? बस आपको यह बता कर जज़्बाती कर रहा हूँ।

ख़ैर साहब, अब कमरे की रूपरेखा, साज–सज्जा बताना ज़रूरी है। एक बार फिर छोटा–सा कमरा था, जिसमें कहने को एक डबल बेड और एक सिंगल बेड। हम हर शहर में यह मानकर चल रहे थे कि सिंगल बेड संजीव का है, क्योंकि वे बड़े भाई जो ठहरे और उन्हें बड़ा होने का फ़ायदा मिल रहा था। बाथरूम यहाँ भी छोटा–सा था, लगता है कम्बख़्त पैसे यहीं बचा लेते हैं। 'नंगा नहायेगा क्या और निचोड़ेगा क्या'! जो खाने का सामान हम साथ लेकर आये थे उसे बिना देर किये हम चट कर गये। कमरे में रुकने का मन किसी का था नहीं, बस थोड़ी देर सुस्ताये और फिर निकल पड़े कोपेनहेगन शहर घूमने के लिए।

होटल से कुछ ही दूरी पर वह जगह थी, जहाँ से सिटी टूर के लिए बस मिलनी थी। एक पुल में हमने देखा बहुत सारे ताले लगे हुए थे। लोगों से पूछा तो पता चला कि यहाँ लोग मन्नत माँगते हैं

और ताला लगाकर उसकी चाभी पुल से नीचे पानी में फेंक देते हैं। सालों से यह परम्परा चली आ रही है। हमारे देश में धागा बाँधने की परम्परा है। कभी किसी पेड़ पर, कभी किसी मुँडेर पर। कुछ मायनों में हम सभी अपने विश्वास, अपनी आस्था पर चलते हुए एक जैसे ही होते हैं।

अब बस का इन्तज़ार था, इस बीच मैंने कुछ केक ख़रीद लिए, सोचा रास्ते में काम आयेंगे। हमारी बस आ चुकी थी, इस शहर में भी डबल डेकर यानी दो–मंज़िला बस। इसमें अत्याधुनिक व्यवस्था थी, आप कान में इयर प्लग लगाइए, आपको इस यात्रा में दिखने वाली सारी जगहों की जानकारी मिलती जायेगी। हमारे देश में यह व्यवस्था केवल मेट्रो में ही है, उसमें भी केवल स्टेशनों के नाम और कुछ सावधानियों की घोषणा होती है। लेकिन यहाँ का सिस्टम थोड़ा एडवांस्ड है। यहाँ काफ़ी सटीक जानकारी दी जा रही थी। यात्रा के दौरान भव्य इमारतें, म्यूज़ियम, पार्क सब दिख रहे थे। यूरोप में बैक वॉटर का इस्तेमाल बड़ी ख़ूबसूरती से किया जाता है, वो देखने लायक होता है। यह वह जगह होती है, जहाँ पानी इमारतों के बीच से गुज़रता है, जो शहर को घेरते हुए उसकी सुन्दरता में चार चाँद लगाता है।

घण्टे भर की यात्रा के बाद हमें एक विशालकाय बिल्डिंग के सामने बस से उतारा गया। यह डेनमार्क की पार्लियामेंट थी। यहाँ से हमें बोट पर रिवर राइड करनी थी। हमें पार्लियामेंट के पास कुछ शोर सुनायी दिया। पता चला 'गे राइट्स' को लेकर प्रदर्शन चल रहा है। इस पूरे प्रदर्शन को दो लेडी रिपोर्टर कवर कर रही थीं। एक लड़की कैमरे के सामने थी और दूसरी लड़की कैमरे के पीछे। लेकिन यहाँ पुलिस का नामोनिशान नहीं था। भारत में प्रदर्शन के दौरान पुलिस न पहुँचे, ऐसा हो ही नहीं सकता। लाठीचार्ज और पानी की बौछारें तो आम बात है। पर इधर सब कुछ एकदम सुव्यवस्थित था। अपने प्रोफेशन से जुड़े लोगों को देख अचानक हमारी दिलचस्पी जाग उठी। उनकी रिपोर्टिंग को लेकर हमने डिस्कशन भी किया। फिर पार्लियामेंट बिल्डिंग की ख़ूबसूरती को भी निहारा।

इस बिल्डिंग में डेनिश पार्लियामेंट, डेनिश प्राइम मिनिस्टर का ऑफ़िस और डेनमार्क का सुप्रीम कोर्ट भी है। फिर बिल्डिंग के एक हिस्से में डेनिश मोनार्क के रॉयल रिसेप्शन, पैलेस चैपल और शाही अस्तबल भी है। डेनमार्क की तीन सुप्रीम पॉवर्स एक साथ हैं और इसे देखकर पता भी चलता है कि जबर्दस्त शक्ति और सत्ता का केन्द्र है यह इमारत।

पार्लियामेंट बिल्डिंग से रूबरू हो, अब हमारी बारी बोटिंग करने की थी। बहुत ही ख़ूबसूरत बोट हमारे इन्तज़ार में खड़ी थी। जो पूरी शीशे की बनी हुई लग रही थी। हम लोग बोट में सवार हुए, एक महिला हमारी होस्ट और गाइड थी। वह हमें तमाम इमारतों के बारे में समझाती गयी। किसी चीज़ को बताने का लहजा इतना ख़ूबसूरत होता है कि आप शहर के बारे में सब कुछ फ़ौरन जान जाते हैं।

बड़ी सी नाव में बैठकर शहर देखना यह अपने आप में एक अलग अनुभव था। ऐसा लग रहा था कि शहर के बीचोबीच एक सड़क की तरह वह पानी खींच लाये हैं। यह सच में देखने लायक था। क़रीब घण्टे भर बाद हमें वापस उसी जगह पर ले आया गया, जहाँ से हमने यात्रा शुरू की थी। अब हमने सोचा कुछ खा लिया जाये। सामने एक रेस्त्रां दिख गया तो चले गये और जमकर खा भी लिया। यूरोप दौरे में बर्गर का ख़ूब सेवन किया। बर्गर किंग ने भी हमारा काफ़ी साथ दिया। हालाँकि मैं और साजिद फूड में एक्सपेरिमेंट्स करने के लिए तैयार रहते थे, पर संजीव वेजीटेरियन हैं। ऐसे में उन्हें क्यूँ टॉर्चर किया जाए, यही सोचकर हम दोनों ऐसी जगहों से खाने का सामान ले लिया करते थे, जहाँ हमारा और संजीव दोनों का काम बन जाये। वैसे भी हमारे पास समय की कमी थी, हर शहर में इंडियन रेस्टोरेंट ढूँढ़ने का टाइम कहाँ था।

घूमते–फिरते हम लोगों ने थोड़ी–बहुत शॉपिंग भी कर ली। हर जगह की अपनी एक ख़ासियत होती है, वहाँ की कोई–ना–कोई चीज़ प्रसिद्ध होती है। अगर आप कोपेनहेगन आयें और 'द लिटिल मर्मेड' न देखें तो आपकी यात्रा बेकार है। हम पैदल ही चल रहे थे।

रास्ते में 'रॉयल पैलेस' भी देखा। यह डेनिश रॉयल फैमिली का घर है। पैलेस का स्ट्रक्चर काफ़ी दिलचस्प है। इसमें एक कोर्टयार्ड है और चार एक जैसे दिखने वाले पैलेस फसाड हैं। ठीक बीच में किंग फ्रेडेरिक फ़िफ़्थ का स्टैचू है।

यूरोप में एक बड़ी समानता है कि सभी इमारतें एक जैसी दिखती हैं। यहाँ की महिला गार्ड्स यूनिफॉर्म में इतनी ख़ूबसूरत लगती हैं, जैसे मॉडल हों। लम्बा–ऊँचा क़द और बला की ख़ूबसूरती, सचमुच यहाँ के राजा से जलन होती।

डेनमार्क के बारे में मैंने जैसा सुन रखा था, यह वैसा ही है। यह एक परफेक्ट जगह है। यूरोप के देश मुझे हमेशा से लुभाते रहे हैं। यहाँ आने से पहले तक मेरे मन में सिर्फ़ इन जगहों पर घूमने की ख़्वाहिश थी, लेकिन अब इन जगहों पर आने के बाद मैं सोचता हूँ कि आख़िर हमारे देश में ऐसी ज़िन्दगी क्यों नहीं है या फिर हम इनके जैसे क्यों नहीं हो सकते। अपने देश में हर कोई साफ़–सफ़ाई तो पसन्द करता है, लेकिन सिर्फ़ अपने घर के अन्दर, अपने दायरे के बाहर सभी का व्यवहार बदल जाता है। जाने ऐसा क्यों है? यूरोप शायद इसीलिए अलग है और अपनी ओर खींचता है। डेनमार्क में प्रदूषण बिल्कुल नहीं है, क्योंकि लोग कुदरत से प्यार करते हैं। लोग फिट रहने और पर्यावरण का ध्यान रखने के लिए साइकिल से चलना पसन्द करते हैं। ऐसा तब है, जब यहाँ लोगों के पास पैसे की कोई कमी नहीं है। वैसे भी भगवान ने इस जगह को सब कुछ दिया है। ख़ूबसूरत ग्रीनलैंड भी इसी का हिस्सा है। जिसके ग्लेशियर और बर्फ़ीली नदियाँ इसे और ख़ूबसूरत बनाते हैं। यहाँ आकर लगता है कि हम किसी और ही दुनिया में आ गये हैं। यहाँ आये बिना अन्दाज़ा लगाना मुश्किल है कि यह जगह कितनी मनमोहक है।

डेनमार्क में हवा बहुत तेज़ चलती है। आपको हैरानी होगी कि डेनमार्क ने इस चंचल हवा का भी बेहतरीन इस्तेमाल किया है। यहाँ तेज़ हवा से बिजली पैदा की जाती है। यही नहीं, यहाँ क़रीब आधा साल बारिश ही होती रहती है। हेलो, कहाँ खो गये आप, कहीं आप डेनमार्क शिफ्ट होने की तो नहीं सोचने लगे?

पैदल चलते–चलते हम 'द लिटिल मर्मेड' के क़रीब आ गये थे। 'द लिटिल मर्मेड' एक परी कथा है जो डेनिश लेखक 'हैंस क्रिश्चियन एंडरसन' ने लिखी है। कहानी एक जलपरी की यात्रा की है, जो ह्यूमन सोल के लिए मर्मेड के रूप को छोड़ने के लिए तैयार है। यह कहानी पहली बार 1837 में बच्चों के लिए परियों की कहानी के संग्रह के रूप में प्रकाशित हुई थी और यह दुनिया भर में बच्चों को बेहद पसन्द भी है।

'द लिटिल मर्मेड' यादगार है, यहाँ एक चट्टान पर सिल्वर की प्रतिमा रखी हुई है। हरे रंग की यह मर्मेड आकार में बहुत छोटी है, लेकिन काफ़ी प्रभावित करती है। किसी भी जगह को या किसी मूर्ति को कैसे प्रसिद्ध करना है, यह भी इस शहर से सीखा जा सकता है। हमारे देश में कला के बेजोड़ नमूने हैं, बस ठीक से उनकी मार्केटिंग करने की ज़रूरत है।

'द लिटिल मर्मेड' के पास पहुँचकर हम बहुत ख़ुश हुए। हम छोटे बच्चों की तरह एक्साइटेड थे। परियों की कहानी से निकल कर लिटिल मर्मेड हमारे सामने थी। हम लोगों ने अकेले और ग्रुप में तस्वीरें खिंचवायीं और सोचा कि चलो बच्चों के लिए भी यह पिक्चर काफ़ी क़ीमती होने वाली है। फिर लिटिल मर्मेड से विदा ली गयी।

मैं इस वक़्त दुनिया के बेहतरीन शहर में था। मीडिया आउटलेट मोनोकल द्वारा साल 2017 से 2021 तक कराये गये सर्वे में लगातार कोपेनहेगन टॉप पर रहा। मोनोकल मैगजीन के मुताबिक, कोपेनहेगन उन शहरों में से एक है, जहाँ ज़िन्दगी कैसे बेहतरीन हो इसके लिए कोशिश दिखती है। यही वजह है कि यह शहर कई साल से सर्वश्रेष्ठ बना हुआ है। यह महज़ एक आँकड़ा नहीं था, यह उतना ही सच भी था। यहाँ मुझे ख़ुद को यह बताने की ज़रूरत नहीं थी कि मैं दुनिया के सर्वश्रेष्ठ शहर में हूँ, बल्कि वो मुझे दिख भी रहा था। कोपेनहेगन को उसके मेजर मोन्यूमेंट्स, वॉटर फ्रंट एरिया, बेहतरीन लोकेशन, रॉयल पैलेस, आकर्षक म्यूज़ियम के लिए भी पसन्द किया जाता है।

इस अद्भुत जगह को निहारने के बाद अब हमारी वापसी की बारी थी। जब हम लौट रहे थे तो हमारे आसपास सुन्दर हरी घास वाले पार्क थे। पार्क में फव्वारे लगे हुए थे। अचानक हमें इटली के महान मूर्तिकार माइकल एंजेलो की एक विशाल मूर्ति दिखी। माइकल एंजेलो इटली के एक मूर्तिकार के अलावा चित्रकार, वास्तुकार और एक बड़े कवि भी थे, जो फ्लोरेंस में पैदा हुए थे। उन्होंने पश्चिमी कला के विकास पर अच्छा–ख़ासा असर भी डाला था। उन्हें उनके जीवनकाल के दौरान सबसे महान कलाकार माना गया, मृत्यु के बाद भी वह सदी के महानतम कलाकारों में से एक हैं। अपनी अद्भुत सोच के चलते उन्हें और उनके प्रतिद्वन्द्वी और साथी लियोनार्डो दा विंची को महानतम विचारकों में गिना जाता है। माइकल एंजेलो की चित्रकला, मूर्तिकला और वास्तुकला की कई कृतियाँ हिन्दुस्तान में भी ख़ासी लोकप्रिय हैं। ऐसे आर्टिस्ट की विशाल मूर्ति देखकर लगा कि आर्ट को और आर्टिस्ट को लेकर यह देश सच में काफ़ी संजीदा है। शायद हमें भी अपनी कला की विरासत को और सहेज कर रखने की ज़रूरत है। भारत में हमें सड़कों पर ज़्यादातर पॉलिटिकल लीडर्स की मूर्तियाँ देखने को मिलती हैं। इसमें कोई हर्ज़ नहीं पर शायद कला प्रेमियों को वह ज़्यादा आकर्षित नहीं कर पाती हैं। हमने मौका नहीं गँवाया, पिक्चर हुई, सेल्फी भी ली, एंजेलो साहब से विदा लेकर कुछ ही देर में हम पार्क से बाहर आ गये।

द लिटिल मर्मेड, कोपनहेगन

बूँदाबाँदी सुबह से ही जारी थी। हमने बारिश की ज़रा भी परवाह नहीं की। मज़ा आ रहा था, चलते–चलते हम एक इंडियन रेस्त्राँ के बाहर आ गये। मैंने और साजिद ने शानदार बटर चिकन और संजीव ने अरहर की दाल मँगवायी। विदेश की धरती पर अगर भारतीय व्यंजन मिल जाये तो मुँह से वाह! बरबस निकल ही जाता है। खाना खाने के बाद टहलते–टहलते हम लोग होटल वापस आ गये। संजीव ने हमारी तरफ़ देखा जैसे मन ही मन सोच रहे हों कि मेरे साथ रहकर तुम कितनी ऐश कर रहे हो। हमने भी बड़े भैया को मन ही मन बहुत प्यार दिया। पैदल चलना, गप्पें मारना और उस पर चाय की चुस्की मज़ा ही आ गया। अब बारी थी साजिद के खर्राटे के साथ सोने की, सो हमने हिम्मत जुटायी और सोने की तैयारी कर ली। थकान इतनी ज़्यादा थी कि नींद भी आ ही गयी।

माइकल एंजिलो, कोपनहेगन

कोपेनहेगन देखने का सबसे बढ़िया तरीक़ा यहाँ बोट राइड है। शहर छोटा है, इसलिए सभी घूमने लायक जगह पास–पास ही हैं। अगर आप शहर को अच्छे से खँगालना चाहते हैं तो आपको क्रिस्टियाना, द मर्मेड स्टैच्यू, पार्लियामेंट बिल्डिंग, द न्यू हार्बर,

टिवोली गार्डन, बोटैनिकल गार्डन, फ्रेडरिक चर्च, हिस्टोरिक मिलिट्री बैरेक, नेशनल म्यूज़ियम, सिटी हॉल, कोपेनहेगन चिड़ियाघर जाना ही होगा। इनमें 'द न्यू हार्बर' शहर का सबसे ख़ूबसूरत हिस्सा है। यहाँ की बोट राइड का अपना मज़ा है। पूरा शहर घूमने के बाद जब थकान हावी हो तो किसी नहर के किनारे बैठकर डैनिश बियर का आनन्द लिया जा सकता है। यहाँ गर्मी के दिन बहुत कम होते हैं, इसलिए लोग इन दिनों में आउटडोर लोकेशंस का बहुत लुत्फ उठाते हैं। यहाँ कुछ इलाकों में लोग हाउसबोट्स पर भी रहते हैं। डेनमार्क में दुनिया का सबसे ख़ूबसूरत आइलैंड है–द फ़ारो आइलैंड है, जहाँ लोग सन बाथ के लिए आते हैं। इसके अलावा, ओरिसंड ब्रिज की बात ही निराली है। काश, मेरे पास यहाँ वक़्त बिताने के लिए और वक़्त होता। अब सुबह थी 21 फ़रवरी की और इस पल का मुझे बेसब्री से इन्तज़ार था।

पेरिस, फ्रांस, 21 फ़रवरी, 2020

आज ग्यारह बजे हमें उड़ान भरनी थी 'सिटी ऑफ लव' पेरिस के लिए। हमने फटाफट ब्रेकफास्ट करके अपना सामान पैक कर लिया। हम जल्दी से नहाकर तैयार हुए और नीचे रिसेप्शन पर आ गये। ठीक नौ बजे टैक्सी हमें लेने आ गयी। पौने 10 बजे हम एयरपोर्ट पर थे। हमने चेक–इन किया और वेटिंग लाउंज में आ गये। कुछ ही देर में हमारे प्लेन की अनाउंसमेंट भी हो गयी। फ़्रांस की राजधानी पेरिस को लेकर मन में काफ़ी एक्साइटमेंट थी, लेकिन हमने उसे काबू में किया और प्लेन में सवार हो गये। पेरिस के लिए तीन घण्टे की फ़्लाइट थी। मन में कई सवाल थे कि दुनिया के सबसे प्राचीन शहरों में से एक 'प्यार का शहर' पेरिस आख़िर कैसा होगा?

दोपहर दो बजे का वक़्त था, हम लोग प्लेन में सवार थे तभी कैप्टन ने अनाउंसमेंट की–'वी आर अबाउट टू लैंड इन पेरिस' यानी प्लेन अब लैंड करने वाला है। मन में एक अजीब–सी ख़ुशी का अहसास हो रहा था। हम अभी तक जिन शहरों में गये थे, वे ख़ूबसूरत तो थे लेकिन पेरिस की कुछ और ही बात थी।

पेरिस के बारे में बहुत कुछ सुन रखा था कि वहाँ हवाओं में भी रोमांस होता है। आज उन हवाओं से दो–चार होना था, उन हवाओं से बातें होनी थीं। संजीव और साजिद ने मिलकर यूरोप की एक लिस्ट बनायी थी कि कहाँ–कहाँ जाना है? कहाँ घूमना है, कहाँ शॉपिंग करनी है, इसलिए मैं निश्चिन्त था कि मुझे कुछ सोचना नहीं है। मैं यही सब सोच रहा था, तभी हमारा प्लेन पेरिस में लैंड कर गया।

एयरपोर्ट की गोलाकार बिल्डिंग ऊपर से ही नज़र आ गयी थी। हम अपनी बेल्ट पर आये और अपने सामान का इन्तज़ार करने लगे। मुझमें अजीब–सी ख़ुशी थी, ऐसा लग रहा था कि छलककर बाहर आ जायेगी। एयरपोर्ट के बाहर पहुँचे तो कैब ड्राइवर हमारा इन्तज़ार कर रहा था। करीब चौबीस साल का हट्टा–कट्टा नौजवान था। उसने 'हेलो'! कहकर हमारा अभिवादन किया। उसका नाम मुश्ताक़ था। उसने बताया कि वह केन्या से आकर पेरिस में बस गया था। बातें करते हुए हम एक काले रंग की 'टोयोटा' वैन के सामने खड़े हो गये। ड्राइवर ने हमारा सामान गाड़ी में रखा। मैं हर बार की तरह फिर से उछल कर हॉट सीट पर बैठ गया। साजिद और संजीव पिछली सीट पर बैठ गये। पेरिस शहर एयरपोर्ट से करीब 30 मिनट के फ़ासले पर है। सफ़र के दौरान हमें पेरिस शहर के आउटस्कर्ट की ख़ूबसूरती भी देखने को मिल रही थी।

मुश्ताक़ ने हमारा परिचय लिया। मैंने कहा कि मैं एक टीवी जर्नलिस्ट हूँ। संजीव भी टेलीविजन पत्रकार हैं। साजिद के बारे में मैंने मज़ाक में मुश्ताक़ से कह दिया कि यह बंगाल के नवाब ख़ानदान से ताल्लुक रखते हैं। अब जनाब मुश्ताक़ तो सीरियस हो गया और साजिद हो गया रॉयल नवाब। वह साजिद को 'रॉयल हाइनेस' कह कर पुकारने लगा। उसने बताया कि उसकी अपनी ट्रांसपोर्ट कम्पनी है। उसने साजिद से कहा–हाइनेस हम मिलकर कम्पनी को पूरी दुनिया में फैला सकते हैं। यह कर सकते हैं...वह कर सकते हैं।

X X X

साजिद बेचारा सब सुनता रहा और मुझे रास्ते भर घूरता रहा। हम भी हाइनेस के साथ मज़े लेते रहे। थोड़ी ही देर में हम अपनी मंज़िल पर पहुँच चुके थे। हमारे होटल का नाम 'अपोलो ऑपेरा' था। जिसके नाम बड़े, पर दर्शन छोटे। दिल्ली के करोल बाग में जिस तरह के होटल होते हैं, ठीक उसी तरह का यह होटल था। हम लोग रिसेप्शन में दाख़िल हुए तो एक रौबिले शख़्स से हमारा परिचय हुआ। वह फ़्रांस का ही रहने वाला था लेकिन अंग्रेज़ी बोल रहा था। उसने पूछा– 'क्या कर सकता हूँ मैं आपके लिए?''

हमने कहा–''हमारा कमरा बुक होगा?'' उसने हमारी डिटेल पूछी और कहा कि आपका कमरा नम्बर 202 सेकेंड फ्लोर पर बुक है। उसने चाभी मुझे दे दी। मेरी ग़लती यह थी कि मैंने उससे पूछ लिया–''हाऊ इज द रूम?'' इस सवाल का उसने ऐसा जवाब दिया कि सुनकर साजिद और संजीव पेट पकड़–पकड़ कर हँसने लगे। कमबख़्त ग़ुस्से में बोला–''रूम इज़ रूम!'' ये जवाब देकर वह बड़बड़ाने लगा। वो बिल्कुल सही था, 10 हज़ार रुपये में पेरिस जैसे शहर के पॉश इलाक़े में कमरा मिल जाये, यह क्या कम था और क्या बच्चे की जान लोगे?

दूसरा झटका कैब ड्राइवर को लगा, वह होटल देखकर ही चकरा गया। उसने साजिद को देखकर बोला–''हाइनेस यू आर ए वेरी सिंपल मैन'' उसको लगा इतना बड़ा नवाब और इतने छोटे होटल में ठहरा है। ख़ैर, हम लोग हँसते–हँसते अपने कमरे में जाने के लिए लिफ्ट की तरफ़ बढ़ गये। लिफ्ट इतनी छोटी थी कि एक बार में केवल दो ही लोग जा सकते थे। इसलिए मैंने फैसला लिया कि सीढ़ियों से होकर जाता हूँ। साहब! मैंने दो फ्लोर का फ़ासला अपने पैर से ही तय किया। कमरा छोटा था, लेकिन उसमें विक्टोरियन स्टाइल का बड़ा–सा बेड ऐसा लग रहा था, जैसे आराम फ़रमा रहा हो। साथ ही कमरे में एक सिंगल बेड भी था। मैं यहाँ यह क्लियर करता चलूँ कि अक्सर रूम डबल शेयरिंग में ही बुक होते हैं, पर हम तीन दोस्त ट्रेवल कर रहे और हम एक साथ

रहना चाहते थे इसलिए हमने ट्रिपल शेयरिंग में ही सारी बुकिंग की थीं। हालाँकि हमने इसके लिए एक्स्ट्रा चार्ज भी भरा था, पर यह दो कमरे लेने से बेहतर था। कमरे में एक कुर्सी, एक मेज और एक अलमारी थी, लेकिन यहाँ बाथरूम थोड़ा बड़ा था। दो पुरानी पेंटिंग्स भी कमरे में लगी हुई थीं। जैसी पेंटिंग्स आमतौर पर हिन्दी की पुरानी डरावनी फ़िल्मों में हुआ करती थीं।

अब संजीव ने अपना प्यार लुटाते हुए तीन कप चाय बनाने की बात कही। हम जहाँ भी गये संजीव ने टूर ऑपरेटर से पहले ही कह दिया था कि होटल के कमरे में चाय बनाने वाली कैटल ज़रूर होनी चाहिए। संजीव हमारी तरफ़ देखकर ये चाह रहे थे कि हम उनकी तारीफ़ करें, सो हमने भी देर नहीं की। यह सुनने के लिए संजीव आतुर थे कि तीन दोस्त यूरोप की यात्रा पर हों और तीनों ही परफ़ेक्शनिस्ट कहलाये जायें। अब हम पेरिस शहर में थे, यहाँ हम तीन थे और करने को बहुत कुछ था। साजिद ने अपना सामान निकालना शुरू कर दिया। एक–एक करके उसने अपना सूटकेस और अपना पूरा बैग ख़ाली कर लिया। उसका काफ़ी सामान मुझे अपने सूटकेस में रखना था, क्योंकि उसे 3 मार्च तक यूरोप में और रुकना था। इसलिए उसने जल्दी से अपना कुछ सामान ट्रांसफ़र कर लिया। आज शाम को हमें फ़ॉर्मल कपड़े पहनने थे। ऐसा क्यों था? आप कुछ देर में जान जायेंगे।

अब साहब! साजिद और संजीव ने मुझे ख़ूब कोसा, कारण था दोनों के कोट की प्रेस का बुरी तरह ख़राब हो जाना। दरअसल, मैंने ही एक ख़ास तरीक़े से तह लगाने के लिए उन दोनों को कहा था। उनका ग़ुस्सा शान्त करने के लिए मैंने उन दोनों को कहा–''डोंट वरी, बी हैपी!'' मैं कुछ करता हूँ। यह कहकर मैं रिसेप्शन से प्रेस लाने चला गया। इस बार रिसेप्शन वाला शख़्स थोड़ा तमीज़ से पेश आया और बोला–''दिस इज़ द आयरन, लेकिन वापस कर जाना'' इसके बाद चाय की चुस्कियों के साथ मैंने अपना, साजिद और संजीव का कोट भी प्रेस किया। उसके बाद हम एक–एक कर बारी–बारी से नहाने चले गये। हम इशान का इन्तज़ार कर रहे थे।

इशान, साजिद का बेटा है। सरजी नाम की एक जगह है, जो पेरिस से 60 किलोमीटर के फ़ासले पर है। पूरा इलाक़ा शिक्षण संस्थानों के लिए जाना जाता है। वहीं इशान यूनिवर्सिटी में मैनेजमेंट की पढ़ाई कर रहा है। अचानक दरवाज़े पर दस्तक हुई, देखा तो इशान ही था। ठीक चार बजे वो हमारे दरवाज़े पर था। हम भी तैयार थे। अब मैं पहले आपको आज की पूरी योजना समझा दूँ। आज सबसे पहले हम शॉपिंग करने वाले थे। फिर हमें पेरिस घूमना था और रात को 'मौलिन रूज' देखना था।

विश्व विख्यात कैबरे 'मौलिन रूज' 1889 को अपनी ओपनिंग के बाद से मनोरंजन की दुनिया में और फ्रेंच लोगों के दिलों में एक विशेष स्थान रखता है। 'मौलिन रूज' में दुनिया के तमाम बड़े कलाकारों ने परफ़ॉर्म किया है। एक बार यहाँ आग भी लग गयी थी, लेकिन 'मौलिन रूज' फिर अपने रंग में आ गया। कहा जाता है कि पेरिस की रंगीन शाम में 'मौलिन रूज' का बड़ा योगदान है। 'मौलिन रूज' पर कई प्रसिद्ध फ़िल्में भी बनी हैं। एक दिन में यहाँ तीन से चार शोज़ होते हैं। हमारे शो का वक़्त रात के ग्यारह बजे का था। हमने सोचा पहले सब निपटा लेते हैं, फिर तैयार होकर चलेंगे। अब साहब, हम लोग अपने इन हाउस गाइड इशान के साथ अपने होटल से बाहर निकले।

हम चारों ठीक शाम के सवा चार बजे होटल के बाहर सड़क पर खड़े थे। कहाँ–कहाँ गये ये आपको बाद में बताऊँगा, लेकिन जरा फ़्रांस की राजधानी पेरिस की तारीफ़ में यह नाचीज़ कुछ बातें कहना चाहता है, पहले उसे सुन लीजिए–

ये पेरिस शहर हम जैसे प्यार करने वाले घुमक्कड़ सैलानियों के लिए किसी सपने के सच होने जैसा है। ज़रा सोचिए, हर साल करीब डेढ़ करोड़ से ज़्यादा लोग इस प्रेम की नगरी को देखने के लिए दुनियाभर से आते हैं। तो भइया हम प्यार लुटाने वाले तीन दोस्त 'सिटी ऑफ लव' में पहुँच चुके थे। फ़्रांस की ज़मीन पर क़दम रखते ही मैंने महसूस किया कि मेरे क़दम ज़मीन पर नहीं थे।

मौलिन रूज, पेरिस

पेरिस को लेकर मैं बहुत एक्साइटेड था। यहाँ आने से पहले तक मैं यही सोचता था कि आख़िर हर साल इतनी बड़ी तादाद में लोगों को यह देश क्यों अपने पास आने को मजबूर कर देता है? क्यों यह दुनिया का सबसे पॉपुलर डेस्टिनेशन है? आख़िर क्यों कहा जाता है कि फ़्रांस ने दुनिया को जीने का तरीक़ा सिखाया। हालाँकि इन सवालों के जवाब मेरे ज़हन में थे, फिर भी जाने क्यों मैं इन सवालों के जवाब यहाँ पहुँचने के बाद भी तलाश रहा था। पेरिस को एक रूमानी शहर क्यों कहा जाता है? यह मैं देख और महसूस कर पा रहा था। लव कैपिटल, फैशन कैपिटल, साइंस एंड आर्ट कैपिटल, सिटी ऑफ़ लाइट्स और जाने क्या-क्या ख़ूबियाँ समेटे हुए पेरिस मुझे मदहोश कर रहा था। 'लव ब्रिज' तो पेरिस में ही हो सकता है। रात में पेरिस सिटी बेहद हसीन दिखती है। लाइट्स इसकी ख़ूबसूरती को चार चाँद लगा देती हैं। अपनी नाइट लाइफ़ के लिए फेमस पेरिस में लोग पार्टी से ज़्यादा खुले में इनज्वॉय करना पसन्द करते हैं। आप इस शहर को जितने प्यार से देखेंगे,

यह आपको उतना ही प्यारा लगेगा। पेरिस में ऐसा लगा कि जैसे मुझे उस ख़ुशबू का चन्दन मिल गया जिसे मैं सालों से तलाश रहा था। यहाँ मैं गहरी साँसें ले रहा था। 'मैं बहता मुसाफिर, तू ठहरा किनारा...' वाली फीलिंग थी। क्या बेख़बर पेरिस को मेरी निगाहों की बेताबी का आलम पता था? शायद नहीं।

पूरा–का–पूरा पेरिस मुझे प्रभावित कर रहा था। अगर आप अपने लवर के साथ गये हैं तो लव ब्रिज, बच्चों और परिवार के साथ आये हैं तो डिज़नीलैंड, अगर आप आर्ट और कल्चर के दीवाने हैं तो पूरा शहर आपका वेलकम करता दिख जायेगा। एफ़िल टॉवर के अलावा यहाँ आर्क डी ट्रायम्फ़, लूव्र म्यूज़ियम, पैलेस ऑफ़ वरसायल्स, रिवोल्यूशन स्क्वॉयर, नेपोलियन टॉम्ब और सबसे बड़ा फैशन शॉपिंग मॉल, गैलरी रफ़ाएट, पेरिस को शानदार शहर बनाते हैं। यह शहर हर किसी को कुछ–न–कुछ ज़रूर देता है। किसी को सुन्दर अहसास, किसी को अच्छी यादें, यहाँ तक कि गालियाँ भी, चौंकिए मत! यहाँ लोग आम बोल–चाल में गालियों का इस्तेमाल खुले दिल से करते हैं, ठीक हम लोगों जैसे। हालाँकि हम तीनों का वास्ता इससे नहीं पड़ा।

इशान ने हमसे बोला–चलिए 'मौलिन रूज' तक चलते हैं और वहीं से टैक्सी पकड़ते हैं। 'मौलिन रूज' हमारे होटल से मुश्किल से 600 मीटर की दूरी पर था। ऊँची–ऊँची पुरानी इमारतों को निहारते हुए हम एक चौराहे पर पहुँचे तो लाल रंग की एक ख़ूबसूरत–सी इमारत पर नज़र पड़ी।

जहाँ बड़े–बड़े अक्षरों में लिखा था, 'मौलिन रूज'। यहाँ कई सारे जोड़े 'मौलिन रूज' को बैकग्राउंड बनाकर सेल्फ़ी ले रहे थे। हमें तो रात को यहाँ आना ही था, पर फिर भी हम कहाँ पीछे हटने वाले थे। दनादन हमने कई सेल्फ़ी ले लीं। अब हमारी बारी टैक्सी पकड़ने की थी और यह जिम्मेदारी इशान को निभानी थी। इशान क़रीब एक साल से फ़्रांस में था इसलिए फ़्रेंच अच्छे से सीख गया था। बताता चलूँ, फ़्रांस में अफ़्रीक़ी मूल के लोग बहुत ज़्यादा हैं।

इशान ने एप से कैब बुक की। थोड़ी ही देर में हमारे सामने कैब हाज़िर थी। इशान ने कैब ड्राइवर से फ्रेंच में बात की और हम लोग शॉपिंग करने के लिए निकल पड़े। कहा जाता है कि पेरिस में 6100 गलियाँ हैं। रास्ते में हमें जगह–जगह पर रेस्त्राँ और बार नज़र आ रहे थे। पेरिस में ज़्यादातर बार और रेस्टोरेंट खुले में बने हैं। पेरिस में इनकी संख्या भी करीब 9,057 है। हम पेरिस को निहारते बढ़े चले जा रहे थे। अचानक मेरी नज़र 'इंडिया गेट' जैसी आकृति पर पड़ी। 'आर्क डी ट्रायम्फ़' नाम की ये आकृति गेटनुमा और बेहद ख़ूबसूरत थी।

अगर 'एफ़िल टॉवर' का अस्तित्व नहीं होता तो 'आर्क डी ट्रायम्फ़' पेरिस की ग्लोबल पहचान होता। 1836 में उद्घाटन के बाद से यह जगह पेरिस शहर के बैकड्रॉप का एक महत्त्वपूर्ण हिस्सा है। इसे फ्रांसीसी क्रान्ति और नेपोलियन युद्ध में मारे गये लोगों के सम्मान के लिए बनाया गया। प्रथम विश्वयुद्ध के बाद अज्ञात सैनिकों की क़ब्रें भी इसके नीचे बनायी गयीं।

यह स्मारक अब विजयी सेनाओं के लिए जश्न मनाने के लिए मुख्य जगह बन गयी है। जर्मन फ्रांसीसी सेना ने 1919 में यहाँ विजय रैली का आयोजन किया। 1871 में भी यहाँ एक विजय रैली का आयोजन किया गया था। जर्मनी ने 1940 में एक और जीत रैली का आयोजन किया और अन्त में फ्रेंच और मित्र राष्ट्रों ने 1944 में यहाँ अपनी विजय रैली निकाली, लेकिन फिर लोगों को लगा कि अज्ञात सैनिकों के मक़बरों का सम्मान होना चाहिए और इसलिए यहाँ होने वाली रैलियों को रोक दिया गया। आर्क डी ट्रायम्फ़ अपनी अनूठी कला और बनावट के लिए प्रसिद्ध है। यह सच में कला का एक ख़ूबसूरत नमूना है।

हमारी टैक्सी इस स्थल से आगे बढ़ गयी और हम एक स्टॉप पर रुके। यह एक ऐसी जगह थी, जो चकाचौंध से भरी थी। बड़े–बड़े ब्रांड्स के शो–रूम और रंग–बिरंगी रोशनी से नहायी हुई इमारतें और उन्हें निहारते हुए हम आगे बढ़ रहे थे। साजिद कई बार विदेश आ चुका है। संजीव भी अपने आप को फ्रांस का चैंपियन मानते हैं।

लेकिन मैं झूठ नहीं बोलूँगा, मेरी हालत ऐसी थी जैसे कोई गाँव–देहात से पहली बार शहर आया हो। यहाँ क़तार से जारा, वीरो मोडा, एडिडास, एच एंड एम के शो–रूम थे। सबके सब पाँच मंज़िला थे। हम लोग ज़ारा के शो–रूम में दाख़िल हो गये। स्टोर में ऐसा लग रहा था, जैसे पूरी दुनिया समा गयी हो।

यहाँ की सेल्स गर्ल्स दुनिया के अलग–अलग कोने से हैं, कोई अंग्रेज़ी, कोई फ्रेंच कोई चाइनीज़ तो कोई स्पेनिश में बात कर रही थी। मैंने और संजीव ने अपनी–अपनी बेटियों के लिए जमकर शॉपिंग की। फिर हम लोग दूसरे शो–रूम में गये, वहाँ भी ख़रीदारी की। जब शॉपिंग हो गयी तो सोचा कि मेट्रो राइड का लुत्फ़ उठाया जाये। यह आइडिया भी इशान का था। 'एच एंड एम' के शोरूम से बाहर निकलते ही शानदार 'लैंबोर्गिनी' कार के दर्शन हुए। उसके साथ सेल्फ़ी लेने में भी बड़ा मज़ा आया। अब हम लोग मेट्रो स्टेशन पहुँचे, जहाँ हमारा टिकट इशान ने लिया। हमारा बच्चा है। ख़ुशी महसूस कर रहा था अपने बड़ों का टिकट लेकर।

हम लोग ओल्ड पेरिस जा रहे थे, जहाँ हमें एक ख़ूबसूरत इमारत देखनी थी। जी हाँ, अब हमें दुनिया के सबसे पॉपुलर और बड़े म्यूज़ियम में से एक 'लूव्र म्यूज़ियम' देखना था। 'लूव्र म्यूज़ियम' को देखने पेरिस में विश्व के सबसे ज़्यादा सैलानी आते हैं। यह एक ऐतिहासिक म्यूज़ियम भी है, क्योंकि इसमें प्राचीन काल से लेकर उन्नीसवीं सदी तक की वस्तुएँ रखी हुई हैं। यह म्यूज़ियम पेरिस का प्रमुख टूरिस्ट स्पॉट है। जो 'सीन' नदी के दाहिने किनारे पर स्थित है। म्यूज़ियम का भवन पहले लूव्र का राजमहल था। म्यूज़ियम में एक अनुमान के अनुसार 35,000 वस्तुएँ रखी हैं, लेकिन यहाँ सबसे ख़ास है लियोनार्डो दा विंची की प्रसिद्ध पेंटिंग 'मोनालिसा'। उसकी मोहक मुस्कान सबको खींचकर यहाँ ले आती है।

हम लोग संग्रहालय को अन्दर से नहीं, बल्कि बाहर से देखने वाले थे। अन्दर से देखने में कई दिन लगते हैं। टिकट के लिए पहले से बुकिंग करनी पड़ती है। हमारे पास अधिक समय था नहीं

तो सोचा म्यूज़ियम को अन्दर से नहीं तो कम–से–कम बाहर से तो देखना बनता है।

मेट्रो ज़मीन के अन्दर थी। क़रीब–क़रीब 20 मिनट में हम लोग अपनी मंज़िल तक पहुँच गये। मेट्रो से उतरकर ऊपर पहुँचे तो सड़क के उस पार था भव्य लूव्र म्यूज़ियम। गेट के बाहर एक बड़ा–सा पिरामिड बना हुआ था। यहीं म्यूज़ियम का एंट्री पाइंट था। एक बार फिर अन्दर जाने का मन हुआ। पर फिर लालच को छोड़ हमने बहुत सारी तस्वीरें खींचकर ही सन्तोष कर लिया।

दूर नज़र डाली तो रोशनी की जगमगाहट में एफ़िल टॉवर दिख रहा था। एफ़िल टॉवर के लिए अलग प्लान था, इसलिए दूर से ही एक नज़र भर उसे देखा और आगे बढ़ गये। रात के क़रीब आठ बज चुके थे। अब डिनर का टाइम था। पहले सोचा मेट्रो से चलते हैं, लेकिन फिर लगा कि भीड़ होगी, टैक्सी कर लेते हैं। यहाँ की मेट्रो हमारे देश की मेट्रो जैसी भीड़–भाड़ वाली है। मेट्रो में चढ़कर दिल्ली मेट्रो का अहसास हो गया था। पेरिस में थोड़ा अलर्ट रहना पड़ता है और पर्स वगैरह सँभाल के रखना पड़ता है, क्योंकि चोरी और छीना–झपटी यहाँ अक्सर हो जाती है। हमने कैब की और अपने होटल के लिए रवाना हो गये। हाँ, इशान को हम लोगों ने वहीं बाय बोल दिया, क्योंकि उसे अपनी यूनिवर्सिटी भी वापस जाना था। क़रीब आधे घण्टे के बाद हम लोग 'बलूची मेट्रो स्टेशन' के पास पहुँच गगे।

सामने ही मौलिन रूज था, क्योंकि छत पर लगी एक लाल रग की विंड मिल इसकी पहचान है। हमने टैक्सी से उतरकर एक छोटी सी दुकान से कुछ मोमेंटोस लिए। जैसा कि मैं पहले भी कह चुका हूँ कि हर जगह की निशानियाँ जमा करना साजिद की आदत है। अब मेरी भी हर जगह की निशानियाँ जमा करने की आदत हो चली थी। यहाँ से हमारा होटल पास ही था। होटल जाने से पहले एक–एक वाइन का लुत्फ़ भी उठा लिया, फिर होटल आ गये।

पेरिस में अगर आपको अपने देश की और देसी खाने की याद आये तो परेशान होने की ज़रूरत नहीं है। यहाँ आपको 'लिटिल इंडिया ऑफ़ पेरिस' मिल जायेगा। ठीक वैसे ही जैसे अपने यहाँ पुडुचेरी की फ़्रेंच कॉलोनी। देसी खाने के साथ–साथ देसी मिठाई, चाट और ऑल टाइम फेवरेट समोसा भी मिलता है। यहाँ हिन्दी, बाँग्ला और उर्दू में लगे बोर्ड आपको पेरिस में इंडिया का अहसास भी करा देते हैं।

खाने की बात चली है तो बता दूँ फ़्रांस अपनी लोकल वाइन के लिए जाना जाता है। वाइन का आनन्द हम ले चुके थे।

फ़िलहाल होटल में हमने थोड़ा आराम किया। तब तक रात के साढ़े दस बज गये थे। अब हम लोगों को फ़ॉर्मल ड्रेस में तैयार होना था। इसलिए पहले से आयरन किये हुए कोट पहने और हँसते–मुस्कराते हुए पैदल ही निकल पड़े मौलिन रूज।

क़रीब 600 मीटर का फ़ासला पैदल चलते हुए हमने कुछ मिनटों में ही पूरा कर लिया। काउंटर पर टिकट दिखाया तो हमारे हाथ में बैंड्स बाँध दिये गये। अब फ़्रांस में कैबरे देखने की बारी थी। मन में अजीब–सी एक्साइटमेंट भी थी। कैसा होगा? ऐसा होगा! वैसा होगा! अब हम गेट पर पहुँच चुके थे। यहाँ सब कुछ बहुत सिस्टमेटिक था। सभी लोग लाइन में खड़े थे। अलग–अलग रंगों से रंगी दीवारें और फ़ॉर्मल कपड़ों में दुनिया भर से आये हुए लोग, यह सब देखकर बहुत आनन्द आ रहा था। पेरिस के एक ख़ूबसूरत कॉस्मोपोलिटन सिटी होने का अहसास हो रहा था। पूरे वातावरण में दुनिया भर के परफ़्यूम की ख़ुशबू आ रही थी। पूरा वातावरण सुगन्ध से नहाया हुआ था।

धीरे–धीरे हम आगे बढ़ते चले गये और फिर अचानक! एक बड़ा–सा हॉल आया। इस हॉल का नज़ारा देखने लायक था। यहाँ थोड़ा अँधेरा था और अँधेरे में टिमटिमाते हुए अनगिनत दीये। हमें हमारा टेबल दिखाया गया। 15 मिनट के अन्दर ही पूरा हॉल खचाखच भर गया। एक बड़ा ही प्यारा–सा फ़्रांसीसी बुज़ुर्ग कपल

हमारे सामने आकर बैठ गया। दो घण्टे की इस लाइव परफ़ॉर्मेंस के दौरान हमें शैंपेन भी परोसी जानी थी। हँसती हुई एक लड़की हमारे सामने आयी और हमारी टेबल पर बर्फ़ से भरे एक बॉक्स में शैंपेन की बोतल और तीन गिलास रख कर चली गयी।

हमने अपने गिलास में शैंपेन डाली और तभी एक एनाउंसमेंट के साथ कार्यक्रम का आग़ाज़ हो गया। पूरे हॉल में अँधेरा छा गया। यहाँ तक कि स्टेज पर भी अँधेरा था। अचानक शुरू हुआ नृत्य और मनोरंजन का ऐसा अद्‌भुत नज़ारा, जिसे शंब्दों में बयान करना काफ़ी मुश्किल है।

इस शो में संगीत और नृत्य के अलावा अनेक तरह के हैरतअंगेज़ करतब थे और न जाने क्या–क्या? दरअसल, मौलिन रूज को कैन–कैन डांस के मॉडर्न फ़ॉर्म के लिए जाना जाता है। हालाँकि इसकी शुरुआत केवल डांस के रूप में हुई थी, जो दरबारी, राजसी ख़ानदान को रिझाने के लिए होता था। धीरे–धीरे मौलिन रूज ने एक कंप्लीट एंटरटेनमेंट शो का रूप ले लिया। यूरोप के ज़्यादातर शहरों में होने वाले शोज़ इससे ही प्रभावित हैं।

शैंपेन की चुस्कियों के साथ दो घण्टे हैरानी और हँसते–मुस्कराते बीत गये। यहाँ अनुशासन का इतना ख़याल रखा जा रहा था कि उसकी मिसाल दी जा सके। हमने कुछ मोमेंटोस ख़रीदे और हॉल से बाहर आ गये। होटल काफ़ी करीब था, इसलिए बातें करते हुए लौट आये। हम ऐसी अद्‌भुत चीज देखकर आये थे कि होटल पहुँचने के बहुत ही देर बाद नींद आयी। अब बारी एक और प्यारी सी सुबह की थी।

पेरिस, फ़्रांस, 22 फ़रवरी, 2020

आज 22 फ़रवरी की सुबह थी। सबसे पहले हमें सीन नदी के किनारे सिटी टूर करना था। वहीं शाम पाँच बजे एफ़िल टॉवर पर चढ़ना था। खास बात यह थी कि शाम में मुझे ट्रेन से बेल्जियम की राजधानी ब्रसेल्स के लिए निकलना था, वह भी सिर्फ़ एक रात के लिए। तो साहब, बिना देर किये हुए हम ब्रेकफ़ास्ट की टेबल पर थे।

हमने पूरे टूर में एक ख़ास क़िस्म की रणनीति बनायी थी कि ऊँट की तरह पेट भर लो, फिर खाना मिले या न मिले। हमने सैंडविच, आमलेट, उबला अण्डा, दूध सब कुछ खाया–पिया और कमरे में पहुँच गये। फिर तैयार होकर ठीक ग्यारह बजे हम होटल से बाहर सड़क पर थे। कैब बुक की और एफ़िल टॉवर के पास पहुँच गये। टैक्सी से उतरते ही विशालकाय एफ़िल टॉवर को पास से देखने का मौक़ा मिला। अभी इसके ऊपर चढ़कर पूरे पेरिस को देखना था।

लेकिन उससे पहले हमारी बोट राइड थी। हम बढ़ चले सीन नदी की तरफ़। बोट पर पहले से ख़ूब सारे बच्चे सवार थे। ये बच्चे लन्दन के किसी स्कूल से आये हुए थे। हम भी बोट में सवार हो गये। हमारी बोट सीन नदी पर चलने लगी। दोनों तरफ़ सुन्दर और भव्य इमारतें थीं, जिसके बारे में टूर गाइड बताती चल रही थी। मैं कभी बोट के बाहर और कभी अन्दर से पेरिस शहर के सौन्दर्य को निहार रहा था। कोई भी इमारत सौ साल से पहले की बनी हुई नहीं लग रही थी। बहुत ही बेहतर तरीक़े से देखभाल की गयी थी कि जैसे अभी बनी हो। इस बात ने हमें पूरे यूरोप में प्रभावित किया। यहाँ भी सीन नदी का पानी शीशे की तरह साफ़ था। कुछ देर बाद हम लौट आये। एफ़िल टॉवर पर पाँच बजे चढ़ने का समय था, लेकिन अभी तीन ही बज रहे थे। सोचा चलते हैं, कोशिश करेंगे कि कहीं चढ़ने की इजाज़त मिल जाये। हम हिन्दुस्तानियों को किसी बात के लिए किसी को भी राज़ी कर लेने की आदत होती है। अक्सर इन देशों में ऐसा नहीं होता। पर कहते हैं, कोशिश करने में क्या हर्ज़ है और हमारी कोशिश क़ामयाब हो गयी और हमें लिफ़्ट से दूसरी मंज़िल तक जाने की इजाज़त मिल गयी।

भारत में जैसी पहचान ताजमहल की है, फ़्रांस में वैसी शान एफ़िल टॉवर की है। पेरिस में स्थित यह एक लोहे का टॉवर है। इसका निर्माण 1887–1889 में शैम्प–दे–मार्स ने सीन नदी के तट पर कराया था। यह टॉवर फ़्रांस की संस्कृति का प्रतीक है। जिसे गुस्ताव एफ़िल के द्वारा बनाया गया था और उन्हीं के नाम पर

एफ़िल टॉवर का नामकरण हुआ है। उस वक़्त यह दुनिया की सबसे ऊँची इमारत हुआ करती थी। फ़ैक्ट्स पर नज़र डालें तो एफ़िल टॉवर एक वर्ग के रूप में बना हुआ है, जिसकी हर किनारे की लम्बाई 125 मीटर है। इसके एंटीने की ऊँचाई 116 मीटर है, जबकि इसकी कुल ऊँचाई 324 मीटर है। शुरुआती दौर में सोचा गया था कि एफ़िल टॉवर को सिर्फ़ 20 साल तक क़ायम रखा जायेगा, फिर साल 1903 में नष्ट कर दिया जायेगा। लेकिन इसने पर्यटकों को इतना आकर्षित किया कि इसे तोड़ने के बजाय विश्व धरोहर के रूप में रखने का फ़ैसला लिया गया। शायद यह मेरी तकदीर में भी था कि इसका दीदार कर सकूँ। एफ़िल टॉवर के आसपास बेहतरीन गार्डन विकसित कर लिया गया है और इतनी प्राचीन इमारत के साथ लिफ़्ट इस तरीक़े से जोड़ी गयी है कि कुछ पता ही नहीं चलता है। नये पुराने का अद्भुत मेल है। हम कुछ ही सेकेंड में दूसरी मंज़िल तक पहुँच गये।

एफ़िल टावर, पेरिस

यक़ीन मानिए कि एफ़िल टॉवर में टॉप से पेरिस बहुत ख़ूबसूरत नज़र आता है। हमने चारों तरफ़ से पेरिस का नज़ारा लिया। पूरे शहर को कितने सालों पहले कितनी ख़ूबसूरती से रचा गया था,

यह अहसास आपको यहाँ हो जायेगा। हम करीब एक घण्टा ऊपर रहे और फिर लिफ्ट से नीचे आ गये। मेरे लिए एक दूसरा अहसास यह भी था कि ताजमहल के बाद दुनिया का दूसरा अजूबा भी मैंने देख लिया। एफ़िल टॉवर के नीचे आते ही आपके पीछे कुछ लोग पड़ जाते हैं। ये लोग हिन्दी बोलते हैं, पंजाबी बोलते हैं और एफ़िल टॉवर के छोटे–छोटे छल्ले बेचते हैं। याद रखिए यहाँ मोलभाव ख़ूब होता है, आप चूके तो आपको ये लोग चूना लगा देंगे।

शाम साढ़े छह बजे की मेरी ट्रेन थी। इसलिए सोचा कि जल्दी से कैब करके होटल पहुँचते हैं। यहाँ से सिटी स्टेशन 20 मिनट के फ़ासले पर था। होटल पहुँचकर हमने एक–एक कप चाय पी और मैं अब तैयार था। मैंने साजिद को बाय बोला, क्योंकि 'यह ज़िन्दगी ना मिलेगी दोबारा' टूर उसके ही दिमाग़ की उपज थी। इसका लेखक, संगीतकार और निर्देशक सबकुछ वही था। साजिद को 23 तारीख़ को वियना निकलना था, मेरी और संजीव की रात साढ़े नौ बजे पेरिस से दिल्ली की फ़्लाइट थी। मैं, साजिद और संजीव के गले लगा और सिटी स्टेशन के लिए निकल लिया। कैब ने 20 मिनट में मुझे सिटी स्टेशन पहुँचा दिया। फ़्रांस में दिन हो या रात, यह हमेशा परियों का देश ही लगता है।

सिटी स्टेशन पर पहुँचकर सबसे पहले मैंने अपना प्लेटफॉर्म चेक किया। अभी ट्रेन आने में आधे घण्टे का वक़्त था। सोचा 'शिवी' के बच्चों के लिए कुछ ख़रीदारी कर लेता हूँ। अब ज़रा आपको शिवी के बारे में बता देता हूँ। ये साहब हैं सरदार 'शिविन्दर सिंह शिमला वाले'! मेरे नर्सरी के समय के दोस्त हैं। क़रीब 20 साल पहले ब्रसेल्स में आकर बस गये। इनके तीन बच्चे हैं और एक सुन्दर–सी पत्नी है, जिनका नाम प्रीति है। आज मैं इनसे मिलने जा रहा था। मैं कहीं गच्चा न दे दूँ, इसलिए शिवी ने ट्रेन का टिकट ख़रीदकर भेज दे दिया था और वापस अपनी क़ार से पेरिस छोड़ने का वादा भी किया था। मैंने स्टोर से कुछ चॉकलेट्स और कुछ वाइन ख़रीदी और फिर ट्रेन का इन्तज़ार करने लगा।

अचानक मेरे कानों में पियानो का मधुर संगीत सुनायी पड़ा। देखा एक शख़्स अपना थैला ज़मीन पर रखकर अपनी ट्रेन का इन्तज़ार करता हुआ पियानो बजा रहा था। 'सिटी ऑफ़ लव' और पेरिस की रंगीन शाम काश! मेरे पास कुछ और वक़्त होता पेरिस घूमने के लिए। इस शहर को अपने अन्दर समेटने के लिए। अभी यह सोच ही रहा था कि मेरी ट्रेन का अनाउंसमेंट हो गया। सुन्दर सी लाल रंग की ट्रेन प्लेटफॉर्म नम्बर सात पर खड़ी थी। हर डिब्बे के आगे एक गार्ड था। मेरा डिब्बा नम्बर पाँच था और मेरी सीट नम्बर दो थी। शिवी ने समझाया था कि भले ही ट्रेन ख़ाली हो अपनी सीट पर ही बैठना। मैंने अपना सामान एडजस्ट किया और अपनी सीट पर बैठ गया। यूरोप में आप ट्रेन में बैठकर एक देश से दूसरे देश बहुत आराम से पहुँच सकते हैं। कॉफ़ी पीते–पीते दो घण्टे बीत गये और ब्रसेल्स स्टेशन आ गया। 'थेलिस ट्रेन' यहाँ की सबसे तेज़ चलने वाली ट्रेन है, जो तीन घण्टे में पेरिस से ब्रसेल्स की यात्रा कराती है।

बचपन का यार और पूरे छह फुट का शिवी ठीक मेरे डिब्बे के बाहर खड़ा था। ट्रेन से उतरते ही शिवी ने बचपन वाली जादू की झप्पी दी, उसके बाद हम स्टेशन से बाहर आ गये। क़रीब आठ बज चुके थे और ब्रसेल्स में पानी बरस रहा था। शिवी की सफ़ेद रंग की मर्सिडीज़ एसयूवी देखकर मन ख़ुश हो गया। ऊपर ग्लास सन रूफ और उस पर बारिश की बूँदें, पूरा वातावरण संगीतमय था। शिवी ने बताया कि उसका घर शहर से थोड़ा बाहर है। क़रीब 45 मिनट का फ़ासला है। उसने यह भी बताया कि वह आजकल रेलवे का प्रोजेक्ट कर रहा है। बातें करते हुए हम शिवी के घर पहुँच गये। लकड़ी और पत्थर का बना हुआ बेहद ख़ूबसूरत घर था। प्रीती ने दरवाज़ा खोलकर मुस्कराते हुए मेरा स्वागत किया। घर के अन्दर सब कुछ बहुत ही व्यवस्थित था। आगे भी लॉन और पीछे भी छोटा–सा लॉन, जहाँ उसने कुछ फल भी उगा रखे थे। बाहर बारिश और भयानक ठण्ड थी, लेकिन अन्दर सब कुछ सेंट्रली हीटेड। शिवी के तीन बच्चे हैं, दो बेटियाँ और एक बेटा। बड़ी बेटी डॉक्टर है। मैंने सोचा नहा–धोकर फ़्रेश हो जाता हूँ, फिर आराम से गप्पे मारेंगे।

आज पूरी रात नहीं सोयेंगे, यही इरादा था। ख़ैर, मैं फ़्रेश होकर बाहर आया तो साढ़े नौ बज चुके थे। सारी रात हमारी थी। बहुत दिनों के बाद आज भारतीय खाना और वह भी घर का बना हुआ मुझे नसीब होने जा रहा था।

बटर चिकन, पनीर, राजमा और रोटी। रेड वाइन की बोतलें खुलीं और खुलती चली गयीं। जवानी और बचपन की ढेर सारी बातें होने लगीं। स्कूल–कॉलेज से लेकर दोस्ती–रिश्तेदारी यहाँ तक कि दोस्तों के सुख–दुख की भी बातें हुईं। शिवी ने अपने बच्चों को इतने अच्छे भारतीय संस्कार दिये हैं कि जिसका कहना ही क्या? हम लोग बातें करते रहे और सुबह के चार बज गये, नशा भी चढ़ गया था और आँखों में नींद भी थी। सोचा कुछ घण्टे सो लेते हैं। चार घण्टे नींद भी अच्छी आयी।

ब्रसेल्स, बेल्जियम, 23 फ़रवरी, 2020

आज सुबह हुई तो ब्रसेल्स में बारिश और कड़ाके की ठण्ड थी। पारा माइनस दो डिग्री के करीब था। मैं नहा–धोकर तैयार हुआ। प्रीति ने शानदार आलू के पराँठे बनाये थे। पराँठे हों, आम का अचार हो और गर्म चाय, इससे बेहतर तो कुछ हो ही नहीं सकता था। अब बच्चों ने मेरे लिए बहुत ही बढ़िया छोटा–सा 'म्यूज़िकल रिसाइटल' रखा हुआ था। दोनों बेटियों ने एक साथ 'टाइटैनिक' का थीम सांग बजाया। मैंने प्रीति और शिवी के तीनों बच्चों को ढेर सारा प्यार दिया और प्रीति को नमस्ते कर गाड़ी में बैठ गया। आँखें नम थीं। घर से दूर घर जैसा प्यार दिल को छू गया था।

x x x

ख़ुशी थी कि चलो ब्रसेल्स भी घूम लिया। शिवी और उसके परिवार से भी मिल लिया। मुझे अपने बेटे के लिए कुछ टी–शर्ट लेनी थीं तो शिवी मुझे एक बड़े–से स्टोर में ले गया। जहाँ बेटे के लिए अच्छी शॉपिंग हो गयी। अगला पड़ाव था गुरुद्वारा, इसकी देख–रेख का

ज़िम्मा शिवी और प्रीति भी उठाते हैं। बेल्जियम में कानों में 'शबद' के स्वर सुनायी पड़े, मन ख़ुश हो गया। थोड़ा प्रसाद लिया, चाय पी, कुछ संगत से मिल लिया और फ़िर विदा ली।

अब थोड़ा ब्रसेल्स घूमना था, हमारे पास दो–तीन घण्टे का वक़्त था। ब्रसेल्स कुछ–कुछ पेरिस जैसा ही है, यहाँ फ़्रांस का असर हर ओर दिख जाता है। थोड़ा छोटा, शान्त और यूरोप के दूसरे शहरों से थोड़ा सस्ता होने की वजह से ब्रसेल्स में ठिकाना बनाने को दिल कर सकता है। यहाँ कोई ख़ास टूरिस्ट अट्रैक्शन न होने के बाद भी यह अट्रैक्ट करता है। ब्रसेल्स अपने चॉकलेट और बियर के लिए ज़्यादा जाना जाता है। यहाँ मुझे चॉकलेट और वफ़ल्स की दुकानें

शिवी का परिवार, ब्रसल्स

ज़्यादा दिखीं। ऐसा लगता था, मानो यहाँ लोग यही चीज़ें ज़्यादा खाते हों। हालाँकि ऐसा है नहीं।

कुल मिलाकर ब्रसेल्स सिटी घूमे बिना यूरोप का टूर अधूरा है, क्योंकि इसे यूरोप की कैपिटल का ख़िताब जो हासिल है।

मेरे लिए यह अच्छा रहा कि मुझे शिवी से मिलने जाना था और मैं ब्रसेल्स का दीदार कर पाया। मैं इसे क्लासिकल सिटी कहना ज़्यादा पसन्द करूँगा। ख़ूबसूरत ऐतिहासिक इमारतों से घिरा 'द ग्रैंड स्क्वॉयर' और पैलेस ऑफ ब्रसेल्स पुराने दौर में ले जाते हैं। ओल्ड टाउन तो नायाब है। इसकी गलियों में पैदल टहलते वक़्त इसके सुनहरे दौर को महसूस किया जा सकता है। यही नहीं, शहर के टेंपरेरी आर्ट एक्ज़ीबिशन लुभाते हैं। ब्रसेल्स में सेंट ह्यूबर्ट रॉयल गैलरी विदेशी सैलानियों का बड़ा ठिकाना है। यहाँ की सुन्दर दुकानें चुम्बक की तरह खींचती हैं, लेकिन आपको इस चुम्बक से बचना होगा। यहाँ शॉपिंग करना जेब पर भारी पड़ सकता है। इसलिए विंडो शॉपिंग से काम चलाना बेहतर रहेगा।

ब्रसेल्स में यूरोपीय यूनियन का हेड क्वार्टर भी है। मेरे लिए ब्रसेल्स का टूर दूसरे शहरों के मुकाबले ज़्यादा ख़ास रहा। अभी तक का मेरा सफ़र नयी यादों के लिए था, लेकिन ब्रसेल्स का सफ़र मेरे लिए पुरानी यादों को ताज़ा करने जैसा रहा। मेरे लिए अपने देश से कहीं दूर एक अनजाने देश में अपने दोस्त से सालों बाद मिलना एक ज़बरदस्त अनुभव रहा। यहाँ किसी अपने से मिलने जाने की वजह से ब्रसेल्स कुछ अपना–सा लगा। अगर मैं कहूँ कि यूरोप से मैं सबसे ज़्यादा ब्रसेल्स से जुड़ी यादें ले कर आया तो ग़लत नहीं होगा। किसी शायर ने कहा भी है :

कौन कहता है, मुसाफ़िर ज़ख़्मी नहीं होता...
रास्ते गवाह हैं...पर कमबख़्त गवाही नहीं देते...

यूरोप की यात्रा से मेरा एक सपना तो पूरा हुआ साथ–ही–साथ मैं वहाँ से एक सपना भी लेकर आया। अब मैं चाहता हूँ कि अपना देश भी यूरोप की ख़ासियतों को अपनाये और अपनी जड़ों को बचाये रखते हुए कुछ ऐसा ही बने। एक वक़्त था, जब विदेशी यात्रियों ने भारत समेत दुनिया के तमाम देशों की यात्रा करके अपने अनुभव को दुनिया के सामने रखा। तब इन यात्राओं ने दुनिया को बदला।

कुछ बदलाव मेरी यात्रा से भी हुआ। यूरोप से लौटने के बाद मैं अपने नज़रिये में भी बदलाव महसूस कर रहा हूँ। यूरोपीय कला और साहित्य के प्रति हमारी दीवानगी हमें यूरोप की ओर खींचती है, लेकिन यूरोप इससे कहीं ज़्यादा है। यहाँ के अद्‍भुत नज़ारे एक अलग दुनिया में ले जाते हैं। यूरोप का जादू ही अनोखा है।

यहाँ के लोग नेचर की बेहतरी के लिए सख़्त क़ानून बनाते हैं और उसका सख़्ती से पालन भी करते हैं। वे नदियों को साफ़ रखते हैं, जानते हैं कि जीवन इसके बगैर नहीं है, जबकि इस बात को जानने के बाद भी हमने अपनी जीवन–रेखा गंगा–यमुना जैसी नदियों को साफ़ नहीं रखा है। यूरोप की ख़ासियत है कि वहाँ के लोग अपने अतीत और ऐतिहासिक प्रतीक वाली इमारतों को सँभालकर रखते हैं। इसलिए ये इमारतें ऐसी चमकती हैं कि मानो कल ही बनी हुई हों, जबकि ये इमारतें सदियों पुरानी हैं। ख़ूबसूरत इमारतें जिन्हें युद्ध के दौरान जलाकर नष्ट करने की कोशिश की गयी, उसे बाद में फिर से वही रूप दिया गया। यहाँ के चर्च भी उतना ही लुभाते हैं।

ख़ैर, ब्रसेल्स में हमने यूरोपियन यूनियन का दफ़्तर देखा और बीच शहर में पहुँच गये। वहाँ बेसमेंट पार्किंग में गाड़ी लगायी। जब ऊपर आया तो यहाँ भी वही भव्य इमारतें थीं। पूरे यूरोप की वास्तुकला भी क़रीब–क़रीब एक जैसी है। बेल्जियम में पर्यटकों के आकर्षण का केन्द्र है 'मैनेकन पिस'। इस जगह काँस्य का 61 सेंटीमीटर का फव्वारा मूर्तिकला का सुन्दर नमूना है। इसमें एक नंगा बच्चा टॉयलेट करता हुआ दिखाया गया है। दुनिया भर से लोग इसे देखने आते हैं। मैंने भी इसके साथ फ़ोटो खिंचवायी और उसका एक मोमेंटो भी ख़रीद लिया। अब दिन के क़रीब एक बज चुके थे। वक़्त कम था, सोचा बाहर निकलते हैं। बारिश लगातार हो रही थी। इसलिए हम लोग गाड़ी में बैठे और निकल पड़े।

कुछ ही दूरी पर 'वॉटर लू मेमोरियल' था। इसे बाहर से ही देख सकते थे, क्योंकि हमारे पास समय कम था। वॉटर लू का युद्ध क्यूँ हुआ? कैसे हुआ? नेपोलियन का युद्ध हेडक्वार्टर कैसा था?

इन सब की जानकारी यहाँ मिल जाती है। यह युद्ध 18 जून, 1815 में लड़ा गया था। नेपोलियन का यह अन्तिम युद्ध था। एक तरफ़ फ्रांस था तो दूसरी तरफ़ ब्रिटेन, रूस, ऑस्ट्रिया और हंगरी की सेनाएँ थीं। युद्ध में हारने के बाद नेपोलियन ने आत्मसर्मपण कर दिया था। मित्र राष्ट्रों ने उसे क़ैदी के रूप में सेंट हैलेना नाम के टापू पर भेज दिया, जहाँ बावन वर्ष की आयु में 1821 ई. में उसकी मृत्यु हो गयी।

मैनेकन पिस, ब्रसल्स

हमने यहाँ करीब आधा घण्टा भीगते हुए गुज़ारा और फिर वापस आकर कार में सवार हो गये। कार आगे बढ़ चली। हाई–वे पर बारिश इतनी तेज़ थी कि कुछ नहीं दिख रहा था। मैंने अपने शिमला में रहने वाले करीब 20 दोस्तों को वीडियो कॉल लगाया। हम दोनों ने उनसे खुलकर बातें कीं। फिर थोड़ा आगे बढ़ने के बाद बारिश में ही हमने एक रिज़ॉर्ट में गाड़ी रोकी। कॉफी हाथ में ली और वापस कार में सवार हो गये। हाई–वे के दोनों तरफ़ बेहद ख़ूबसूरत नज़ारा था और ऑटो स्पीड में सफ़ेद कार भागती चली जा रही थी।

थोड़ी देर में हम फ़्रांस की सीमा में दाख़िल हुए। ठीक नौ बजे हम एयरपोर्ट में दाख़िल हुए। पार्किंग में सामान ट्रॉली में डाला। यूरोप के इन देशों में ज़िन्दगी कितनी सहज है। आप आराम से अपनी ज़िन्दगी जी सकते हैं, मारामारी नहीं है, सुकून है। मेरी एयर इंडिया की फ़्लाइट थी। इसलिए शिवी ने बताया कि इस पीली लाइन को फॉलो करते रहना, अपने काउंटर पर पहुँच जाओगे और ऊपर पहुँचने पर मुझे फ़ोन करना। मैंने शिवी को गले लगाया, बाय बोला और पीली लाइन पकड़कर पहुँच गया। एयर इंडिया के काउंटर पर संजीव मेरा इन्तज़ार कर रहे थे। हमने सारी फ़ॉर्मेल्टी पूरी की, सुरक्षा जाँच करायी और एयरपोर्ट के अन्दर दाख़िल हुए। अन्दर ड्यूटी फ्री शॉप थी। हमने यहाँ कुछ परफ़्यूम और कुछ चॉकलेट ख़रीदे और प्लेन का इन्तज़ार करने लगे। कुछ देर में प्लेन का अनाउंसमेंट हो गया।

हम अपने प्लेन की ओर चल दिये। हमारी सीट प्लेन के बीच में थी। मेरी खिड़की वाली सीट थी। संजीव की मिडिल और कोने वाली सीट पर एक चीनी महिला बैठी थी। चीनी महिला लगातार छींक रही थी। वह लगातार चेहरे पर बाम लगा रही थी। हमें पहली बार में लगा था कि कुछ गड़बड़ है। भारत में बाम की बहुत चर्चा होती है। झण्डू बाम की इतनी चर्चा हुई है कि एक फ़िल्म में गाने का मामला कोर्ट तक पहुँच गया। मेरे और संजीव दोनों को कोविड–19 यानी कोरोना वायरस का डर सताने लगा। सर्दी–बुख़ार और छींकना इस रोग का पहला लक्षण था। उस वक़्त तक भारत में गिने–चुने कोरोना के मरीज़ों का पता चल चुका था। उनमें अधिकतर वही लोग थे, जो विदेशों से यात्रा कर लौटे थे।

अब धीरे–धीरे पूरी दुनिया में कोविड–19 की शुरुआत हो रही थी। कहा जा रहा था कि चीन के वुहान शहर से पूरे विश्व में कोरोना वायरस फैल रहा है। उस वक़्त यह सब सुनने में बहुत डरावना लग रहा था। तब किसे यह पता था कि कोरोना वायरस पूरी दुनिया को

अपने आगोश में लेने वाला है। फिर मार्च महीने से जो लॉक डाउन का सिलसिला शुरू हुआ, लोगों का घर से निकलना बन्द हो गया। कामकाज ठप हुए, बड़े शहरों से पलायन का सिलसिला शुरू हुआ। अपनों को खोने का ग़म क्या होता है, यह पूरी दुनिया के लोगों ने झेला। ख़ैर, प्लेन में संजीव बेचैन हुए जा रहे थे। मैं एयर होस्टेस से बात करने गया तो बात बन गयी। एअर होस्टेस बोली, प्लेन टेक ऑफ़ कर लेगा, तो वह हमें आगे बैठा देगी।

ठीक वैसा ही हुआ, इधर दरवाज़े बन्द हुए, प्लेन ने टेक ऑफ़ किया और उधर हम बिज़नेस क्लास के ठीक पीछे वाली दो सीट पर विराजमान हो गये। अब एयर इंडिया का प्लेन हवा में था। हमने अपनी ड्रिंक्स ऑर्डर कीं। मैंने वाइन और संजीव ने वोदका ऑर्डर की। उसके बाद हमने डिनर किया। फिर हम दोनों की आँख लग गयी। जब आँख खुली तो देखा सब कुछ बदल गया था। करीब आठ घण्टे बाद पायलट ने बोला–'वी आर लैंडिंग इन डेलही' और कुछ ही देर में हम इन्दिरा गाँधी अन्तर्राष्ट्रीय हवाई अड्डे पर थे। बारह दिनों का हसीन सपना पूरा हो चुका था। तीन दोस्तों ने विदेश–यात्रा का सपना देखा था, उसे पूरा करके दिखाया। कहा जाता है, 'सच्चे मन से सोचो तो ईश्वर भी उसे पूरा करने में आपकी मदद करते हैं।' इधर हमारी यात्रा पूरी हुई, उधर पूरी दुनिया को कोरोना वायरस ने अपने आगोश में ले लिया। एक डरावनी झलक हमें उस चीनी महिला ने पहले ही दिखा दी थी। लेकिन उस वक़्त शायद ऊपर वाले ने हमें अलग सीट देकर हमारी मदद कर दी थी। आगे पूरी दुनिया में क्या हुआ, सबको पता है। अब जब भी हम तीनों दोस्त बातें करते हैं तो यूरोप की मीठी यादें और वहाँ बिताये हसीन लम्हे हमें बेचैन कर देते हैं और यह अहसास दिलाते हैं कि "यह वक़्त एक–न–एक दिन फिर आयेगा दोबारा–आमीन।"

❑❑